松田宣浩自叙伝
燃えつきるまで
松田宣浩
Matsuda Nobuhiro
小学館

2022年10月1日
退団セレモニーでの熱男ポーズ。

燃えつきるまで

松田宣浩自叙伝

目次

第6章 ジャイアンツ

※本文に掲載されている肩書きなどの情報は2024年10月28日現在のものです。

プロローグ

2023年9月1日

時刻はまもなく23時になろうとしていた。

その日は横浜スタジアムでナイターの横浜ＤｅＮＡベイスターズ戦があり、僕は試合後、定宿としていた東京ドームホテルへの帰路に就いていた。愛車のハンドルを握り、横浜公園入り口から高速に入り、首都高速横羽線で都心へ向かう。

（……やはり……このあたりが潮時かな……）

30分前、僕は横浜スタジアムのビジター監督室で、シーズン2度目のファーム（二軍）行きを告げられていた。２０２３年のレギュラーシーズンも残りひと月ほど。おそらく、もう一度、一軍から昇格の声がかかる機会は訪れないだろう。

（……やはり……ここまでだな……。うん、決めた！　今シーズン限りでユニフォームを脱ぐ……。ホテルに着いたらすぐに〈妻の〉恵理《えり》に連絡しよう）

週末の金曜日だったが時間帯のためか、道はそれほど混んでいない。僕は少しだけ強くアクセルを踏み込んだ。

22年シーズンのオフに僕は、それまで17年間在籍していた福岡ソフトバンクホークスから正式に戦力外の通告を受け、自由契約選手となった。

自分にはまだ一軍の試合でプレーする自信がある。プロ野球の世界でやり残したことがある。現役続行を強く希望した僕は、新天地への移籍を求めた。そのタイミングで手を差し伸べてくれたのが、読売ジャイアンツと当時の原辰徳《はらたつのり》監督（現・読売ジャイアンツオーナー付特別顧問）だった。

心機一転、もうひと花咲かせよう！　そう意気込んで読売ジャイアンツのユニフォームに袖を通したが、現実は甘くなかった。開幕こそ一軍ベンチで迎えたが、結果を残せずに4月14日に二軍落ち。そのままファーム暮らしが続いた。

8月29日に再び一軍から声がかかったが、これは主力選手の数人に新型コロナウイルスの陽性反応者が出たための措置で、コロナ特例のルールによる昇格だった。そして当初の予定通り、主力の体調が回復したこの日、9月1日に再び二軍行きを命じられたというわけだ。

公言こそしていなかったが、実は僕の心の中で「ジャイアンツでプレーするのは1年間だけ」と決めていた。

僕がホークスに入団したころ、ヘッドコーチや内野守備走塁コーチを務めていた森脇浩司《もりわきひろし》さん（現・沖学園高等学校アドバイザー）は、「息の長い選手にならな、あかんぞ！」が口癖で、よく僕ら若手選手を捕まえて、そのための基礎練習が大切だということをこんこんと言い聞かせる人だった。

息の長い選手とは、具体的にどんな選手を指すのだろう？　今ひとつ具体的なイメージをつかめなかったので、ある時尋ねてみたところ、森脇さんは、少し困った表情をしながら「そりゃ、40歳でもプレーしている選手のことや！」と答えてくれた。

その瞬間から僕のプロ野球選手としての目標が、「40歳の現役選手」になった。当時若手だった僕には、まずレギュラーのポジションをつかみ、攻守で活躍して、チームを優勝に導く、という段階的な目標のビジョンがあったが、その最終ゴールが「40歳の現役選手」に定まった。

残念ながら22年にホークスから戦力外通告を受けた時、僕はまだ39歳だった。あと1年間だけプレーしたい……。あまり理解してもらえないかもしれないが、僕にとって39と40には大きな違いがあった。40という数字はプロ入り当初からこだわってきたものだったのだ。

8月末ごろに球団から内々に、翌シーズンのチーム編成の構想に入っていないことを告げられ、当時の藤本博史《ふじもとひろし》監督（現・福岡ソフトバンクホークス球団統括本部付特別アドバイザー）から、

「ユニフォームを脱ぐならシーズンの最後まで一軍にいてもらうが、現役を続けるのなら二軍へ行ってもらう」と言われた。

それまで長年、チームに貢献してきた実績を考慮・尊重してくれた言葉だったが、僕はさほど迷わずに二軍行きを選択した。それほど僕にとって、40の数字は大きなものだったのだ。

そして、23年5月17日に僕は無事に40歳の誕生日を迎えた。ジャイアンツのファームでプレーしていたが、プロ野球選手としての大目標である「40歳の現役選手」を達成できた。その日はイースタン・リーグのベイスターズ戦があり、僕はジャイアンツに来て初めての本塁打を放っている。試合後はひとり、東京ドームホテルの部屋で軽く祝杯を挙げた。

「40歳の現役選手」は僕のプロ野球選手としてのこだわりだった。ただ同時に、僕のわがままだったのかもしれない。家族を福岡に残し、東京のホテルで暮らしながら、大好きな野球だけに集中する毎日。家のことも子育てもすべて妻任せになってしまっていた。夫として父親として、こんな状況を何年も続けることが許されるはずがない。だから、ジャイアンツではワンシーズンだけプレーさせてもらおう、と決めていた。

横浜スタジアムからホテルへの帰り道。もう一軍でプレーするチャンスは訪れないであろうとわかったこのタイミングで、その決意を再確認したわけだ。

報告

首都高速は比較的空いていて、0時前にはホテルにたどり着けた。いつもの部屋に戻り、部屋着に着替え、ベッドに横たわりながら早速福岡の妻へ電話をした。既に深夜だったので、子供たちの様子を尋ねることもせずにすぐ本題から入った。

「俺、今年でユニフォームを脱ごうと思う。引退するって決めたから」

僕がそう伝えると妻は、

「そう……わかった。長い間ご苦労さまでした」と短く答えた。

ジャイアンツでプレーするのは1年限り。その思いを妻にはっきりとは伝えていなかったが、夫婦間ではなんとなく共有できていたように思う。簡潔だが温かみのある言葉に、すべてをわかってくれているような優しさを感じた。

妻への報告を終え電話を切ると、そのままベッドに横たわりながら部屋の天井をぼんやりと眺めた。不思議と感傷に浸るような気分にならない。胸にグッとくるような感情もわいてこない。

引退の決断ってこんなもんなのか？　それとも、あらかじめ決めていたから、それほど気持ちが揺さぶられないのか？

「まあ、どっちでもいいか」

時計の針は1時を指そうとしていた。すぐに明日から……、いや正確に言えば今日から二軍に合流しなければならない。二軍の球場は川崎市にあって、東京ドームホテルからはやや遠い。また朝6時起床の毎日が始まる。僕はそのままベッドに潜り込んだ。

再確認した引退の決意。報告しなければならない相手は何人もいたが、真っ先に伝えたかったのは原さんだった。もちろん原さんは、戦力になると期待して僕をチームに迎え入れてくれたのだろうが、僕からすれば40歳まで現役を続けるチャンスを与えてくれた恩人である。

ただ、一軍のチームはCS（クライマックスシリーズ）進出をかけて、激しいAクラス争いを展開していた。そんな大切な時期に、個人的なことで原さんの心を煩わせるのは本意ではない。チームマネジャーに、原さんと電話で話したい希望だけ伝え、報告のタイミングを見計らっていた。

9月26日、残念ながらジャイアンツは3位を争っていたベイスターズとの3連戦に負け越してしまい、Aクラス入りの可能性が限りなく低くなってしまう。その日の夜、原さんと話せる機会が訪れた。

原さんと電話で話すのは、1年前にジャイアンツ入団が決まった時以来だ。僕はまず引退する決断を下したことを報告。そして、ジャイアンツの一員としてプレーできたことの感謝を伝えると同時に、結果で期待に応えられなかったことを謝罪した。

結局僕はジャイアンツの選手として、一軍の試合で1本の内野安打しか記録していない。ムードメーカーとか、若手に経験を伝える役割とか、ベテラン選手はプレー以外の要素で評価してもらえる場合もあるが、そんな次元の話ではなく、チームの戦力に全くなれなかったのだ。そのことが悔しかったし、申し訳なかった。

原さんはひとしきり話を聞いてくれた後、こう尋ねてきた。

「マッチは、ジャイアンツでの毎日が楽しかったかい？」

僕は間髪を入れずに、
「はい！　楽しかったです！」と答えた。

自由契約選手となった僕を拾ってくれたジャイアンツへの恩義や原さんへの気遣いから出た言葉ではない。ましてや強がりでもない。
せっかく東京ドームの隣で寝起きしながら、片道40～50分かけてファームの本拠地である川崎市の読売ジャイアンツ球場へ通う毎日は、僕にとってそれはそれで充実したものだった。実際、ジャイアンツ球場への道すがら、愛車のハンドルを握る両手を重く感じたことは一度もなかった。

プロ野球は一軍で活躍してナンボの世界だし、二軍以下のすべての選手は、きらびやかな一軍の舞台を目指すべきだと思う。だが、ひとたびグラウンドに出れば一軍も二軍も関係ない。一軍のスタジアムほどではないにしろ、二軍の球場にだって観戦に足を運んでくださるファンの方はいる。お金をもらって、お客さんの前でプレーするなら、それはプロ野球選手だ。

僕の中では一軍用のプレーも、二軍なりのプレーもない。どこでプレーしようと僕は僕だ。単純に僕はジャイアンツのユニフォームを着て野球をするのが楽しかった。

原さんは最後に、

「それならよかった」と笑ってくれた。

引退試合

ようやく原さんに引退の決意を伝えられ、残すは9月28日に予定されている引退会見のみ。それが終われば一段落するな……と考えていた矢先、球団から連絡があった。

驚いたことに、僕の引退試合を行ってくれるという。突然の提案に正直、戸惑った。先ほども述べたように、僕はジャイアンツの一軍の試合で内野安打を1本しか打っていない。そんな選手が引退試合をしてもらっていいのか。あまりにもおこがましすぎやしないか。
僕は妻とも相談した結果、辞退することに決めた。

ところが、原さんに入れた断りの電話で、僕は逆に説き伏せられてしまう。
「ジャイアンツの1年だけではなく、ホークスの17年も併せて、プロ野球の世界で18年間頑張ってきた選手の引退試合だから。ファンのみんなはずっとマッチを見てきたんだよ。だから、思いっきりプレーして、最後の1日を楽しみなさい」

本当にありがたい言葉だ。原さんの懐の深さの前に、返す言葉も見つからなかった。最終的に、僕は球団と原さんのご厚意に甘えることにした。

23年10月1日、対東京ヤクルトスワローズ戦（東京ドーム）。僕はこの日の出来事を生涯忘れることはないだろう。

両親、双子の兄、そして妻とふたりの子供たち……、家族みんながこの引退試合に駆けつけてくれた。父は根っからの巨人ファンだが、まさか息子がジャイアンツのユニフォームを着て現役引退を迎えるとは想像もしていなかっただろう。

「六番・三塁」で先発出場の機会が与えられた。2回巡ってきた打席ではヒットを放てなかったが、守備は無事にこなせた。六回表の守備位置についたタイミングで交代しベンチに下がる。

僕は家族、そして満員のスタンドのファンの前で、原さんのおっしゃった通りに思いっきりプレーを楽しんだ。

試合後には引退セレモニーが行われた。多くのファンの方たちが、そのままスタンドに残ってくれていて、皆さんの前であいさつをする機会に恵まれたことはうれしかった。

できることなら、一度だけでも満員の東京ドームでホームランを打って、「熱男《あつお》ー!」と叫んでみたかった。残念ながらその夢はかなわなかったので、その代わりといっては何だが、最後にスタンドのファンの皆さんの力も借りながら、渾身《こんしん》の「熱男」を披露させてもらった。

もう本当に、これで終わりなんだな……。

あいさつを終えた途端に、さまざまな思いが胸に去来し、いくつものシーンが頭の中を駆け巡る。


「現役を続けるのなら二軍へ行ってもらう」

「長い間ご苦労さまでした」

「マッチは、ジャイアンツでの毎日が楽しかったかい？」


やむことのないスタンドからの熱男コール。声援を浴びながら僕は、溢《あふ》れ出る涙を抑えられなかった。

ホークスで17年間頑張ってよかった。

最後にジャイアンツで1年間プレーできてよかった。

こうして僕の18年に及ぶプロ野球選手生活は幕を閉じたのだった。

第1章
双子の兄弟

兄の一歩後ろに
下がるような少年だった。
ただ、後に活躍する下地は
生まれていた。

野球一家

僕には双子の兄弟である兄・教明《のりあき》がいる。二卵性双生児のため、見た目がそっくりなわけではない。負けず嫌いなところなど共通点もあるが、当然性格にも違いがある。ただ兄弟仲は非常に良かった。

遊ぶのも、野球をするのも、たまに勉強するのもいつも一緒。兄は僕にとってライバルであり同志でもある。尊敬していたし、憧れもあった。また、あるシーンではコンプレックスの対象でもあった。

兄は僕を「ノブ」と呼び、僕は兄を「お兄ちゃん」と呼ぶ。その呼び方は大人になった今でも変わらない。僕はそんな「お兄ちゃん」が大好きだった。

僕らが生まれ育った滋賀県草津市は、いわゆる地方の中核都市で、滋賀県では県庁所在地の大津市に次ぐ2番目の人口を有する。市街地にもほどよく自然が残り、暮らしやすい町だ。僕は高校入学と同時に地元を離れたが、近年では大阪や京都のベッドタウンとしても注目され、人口も増えていると聞く。

口数は多くないが教育熱心な、一家の大黒柱である父・長次郎《ちょうじろう》、社交的で一家のまとめ役である母・昌子《まさこ》、そして僕ら兄弟を合わせた4人家族。松田家は俗に言う野球一家で、夕飯時にはテレビのナイター中継を見ながら食卓を囲むのがお決まりだった。

母や兄に言わせると、子供のころの僕は少し控えめな性格で、何かあるとすぐに母の後ろに隠れてしまうようなタイプだったそうだ。おとなしい性格だったという自覚はないが、確かに積極的に前へグイグイ出るほうではなかったかもしれない。

ご存じの方も多いと思うが、僕はプロ野球の現役時代に、「熱男」という愛称でファンの方たちに親しんでいただいてきた。元気印のムードメーカー。常に声を出しチームを引っ張っていく。プロ野球選手・松田宣浩に、そんなイメージを持つ方は多いだろう。

だからファンの方たちは、子供のころの僕が控えめだったという話に違和感を覚えるかもしれない。だが逆に、中学までを過ごした地元・草津の友達や知り合いの多くは、僕がプロ野球の世界で「熱男」になっていることに戸惑いを感じていたのではないだろうか。少年・松田宣浩は「熱男」ではなかった。


断っておくが、控えめな性格だったといっても、決して人と接するのが苦手だったとか、人前で話をするのが苦手だったとかいうわけではない。人並み……いやもしかしたら人並み以上に、目立ちたいという人気者への憧れのようなものもあった。ではなぜ常に一歩下がっていたのか。それは兄の存在が大きかったからだ。

兄はとにかく明るく社交的な性格だった。いつもクラスやチームの中心的存在。あのころの兄のほうが、よほど「熱男」に近いタイプだった。同じ学校に通い、同じ野球チームに所属していたので、必然的に兄弟共通の友人が多くなる。友達作りのきっかけはいつも兄だった。まず兄が友人と仲良くなり、僕を紹介してくれて友達が増えていく。僕の知らない兄だけの友達はいたかもしれないが、その逆はおそらくいなかっただろう。兄は運動神経に優れ、要領も良い。野球も勉強も僕より少しだけ勝っている。僕に言わせれば、僕が一歩下がっているんじゃない。兄が一歩前へ出ていたのだ。

僕ら兄弟が野球を始めたのは、小学2年生の時のこと。親戚から誕生日プレゼントとしてふたつのグローブを贈ってもらったのがきっかけだった。

野球経験者の方なら、子供のころに一度は「壁当て」という遊びをしたことがあるだろう。壁に向かってボールを投げて、跳ね返ったボールをグローブでキャッチし、それを繰り返す。壁さえあれば、いつでもひとりでできる手軽な野球の遊びだ。

でも、僕は子供のころ、この「壁当て」で遊んだことがほとんどない。それはキャッチボールの相手がいつも隣にいたからだ。もちろん相手は兄だ。グローブをプレゼントしてもらったその日から、僕らは毎日キャッチボールを続け、どんどん野球にのめり込んでいく。そしてすぐに地元の少年野球チーム「矢橋《やばせ》レモンズ」に入団した。

実は父も野球経験者で、高校時代には甲子園球場の土も踏んでいる。社会人となり家族を持つようになってからも、地域の草野球クラブに所属するほどの野球愛好家だ。それほどの野球好きなのに、僕ら息子たちに対して一度も「野球をやってみないか？」と勧めてきたことはない。

後から知ったが、それは父の教育方針によるものだという。

何をやるのかは子供たち自身に決めさせたい。子供は好きなこと、興味のあることならば一生懸命頑張ることができる。だから親が決めたら意味がないし、興味の対象が野球でなくても構わない。父はそう考えていたそうだ。

僕らは野球を始める前、幼稚園のころからスイミングスクールに通っていて、「選手コース」のクラスに所属していた。だが野球を始めたことで、週末に野球の試合と水泳の記録会が重なったりして、だんだんとスケジュール的に両立するのが難しくなってくる。

水泳も野球と同じような熱心さで練習に励んでいたので、県大会レベルの大会の上位に入るくらいの成績を残していた。客観的に見ても、水泳の道に進むのも選択肢のひとつだったと思うが、中学入学を機に野球一本に絞った。僕ら兄弟で話し合い、そう決めたのだ。

水泳はやめて野球に集中したいと報告した時、父は特に何も言わなかったが、少しうれしそうな表情だったことを覚えている。

兄への思い

少年野球チーム「矢橋レモンズ」に入団してから、僕らはさらに野球にのめり込んでいった。高学年になると試合にも出場できるようになり、活躍する機会も増えた。僕がピッチャーで兄がキャッチャー。双子バッテリーとしても注目され、チームは地区大会で常に優勝。県大会でも上位に進出し、近畿大会にも出場したことがある。大げさではなく当時の滋賀県の少年野球関係者で、双子バッテリーの「松田ツインズ」を知らない人はひとりもいなかったのではないだろうか。それほど僕ら兄弟はチームの中心となって活躍していた。

当時の僕はとにかく「兄に負けたくない」という思いだけで必死だった。何とか兄に追いつこう。兄に「ノブはすごい」と認めさせたい。そんなことばかり考えていた。

何でも上手にこなす兄は、センスのあるいわゆる天才タイプの選手だ。そんな兄に追いつくためにはどうしたらいいのか。たどり着いた結論は、とにかく練習に励むことだった。

自宅の裏庭に父がバッティングケージを手作りしてくれて、チーム練習のない日にはよくそこでトスバッティングの練習をした。子供だけで打撃練習をするのは危険だということで、必ず父がトスを上げるという決まりがあった。だから平日なら父が会社から帰宅する18時以降が練習タイムだ。

父とのバッティング練習は当然、ひとりずつしか行えない。順番は早い者勝ちだ。僕は学校が終わると、できるだけ早く、とにかく兄より早く帰宅して、宿題や翌日の学校の準備などを済ませて父の帰りを待った。そして父が帰ってくると、夕食もそこそこにトス上げをお願いした。

順番に練習するのだから、どちらが先でも変わらないだろうと思われるかもしれないが、そんなことはない。例えば、父の帰宅直後、母が夕飯の準備をしている間にまず僕がトスを上げてもらう。夕飯の後、兄の練習が終わってからもし時間に余裕があれば再び僕に順番が回ってくるのだ。

兄より練習しなければ兄には追いつけない。実際、兄が僕の知らないところで秘密特訓でもしていない限り、僕のほうが練習量は多かった。どんどん野球が上手になっていく自覚があったし、その成果を試合でも出せるようになっていた。ただ兄も僕と同じようなスピードで成長していた。届きそうで届かない兄の背中までの距離がもどかしかった。

誰もが大人になったら理解することだが、子供は大人に比べて見えている世界が極端に狭い。僕の場合、家と学校、野球チームとスイミングスクールが世間のほとんどすべてだった。当時の僕にとって、その狭い世界の中で、常に隣にいる兄の存在がどれほど大きかったか……。あれから随分と時間がたち、冷静に振り返ってみても、宣浩少年の微妙な心情をうまく説明するのは難しい。

僕は兄に負けたくなかったが、勝ちたい、打ち負かしたいと思っていたわけでは決してない。また、周囲からは控えめな性格だと思われていたかもしれないが、そんな自覚はなかった。何度も言うが、僕は注目されるのがうれしかったし、人の輪の中心になるのも嫌ではなかった。ただすぐそばに太陽のような存在の兄がいるのに、それを差し置いて前に出るのはおこがましいと感じていた。気恥ずかしかったのだろう。

少年野球で、「松田ツインズ」として注目されたのは、もちろん僕らが双子バッテリーである面も大きかったが、兄の活躍もすさまじかった。兄が打てば打つほど、僕らの評価は上がっていく。それは兄弟として素直にうれしかった。兄がいるからこそ目立てる状況は少し悔しくもあったが、同時に「俺のお兄ちゃんってすごいだろう」と誇らしくも思えた。

だからだろうか、何でも「兄ファースト」であることに納得する自分もいた。子供の時から公園の滑り台を滑るのも、お風呂に入るのも、親に買ってもらったおもちゃやゲームで遊ぶのも、いつも兄が先だった。双子と言えども、兄と弟の立場はあると思う。兄が弟をリードし、弟は兄を立てる。「ノブ」「お兄ちゃん」の関係は、ある意味で心地よくもあった。


自分はこのままでいいのか。それとももっと積極的になるべきなのか。この悩みは当事者にしか理解できないかもしれない。

例えば足の速さに関しても、ふたりともほとんど同じスピードだったが、やはりタイムはほんの少しだけ兄のほうが上回っていた。小学校のころは兄が学年で一番速く、僕は2番目。

周囲からすれば「どちらも速いのだから、それでいいでしょ」となるかもしれないが、僕にとっての問題はそこではなかった。大事なのは兄との関係性であり、双子としての自分だった。ぜいたくな悩みだと思われるかもしれない。

でも、当時の自分にとってはかなり深刻な問題で、実は一度、円形脱毛症になったこともある。ただ、それほど悩みに悩んでも結局、答えは出なかった。

ただひとつだけ言えるのは、野球だけは絶対に負けたくなかったということ。いつも兄と対等でいたい。そう強く思っていた。だからこそ控えめな僕にしては珍しく、「兄より練習量を増やしたい」「先に練習したい」と積極的に取り組めたのだろう。確かに、兄との関係性は僕の中で大きなウエイトを占めていた。ただ違う意味で、野球も僕にとって特別な存在だったのだと思う。

ボーイズリーグ

中学入学と同時に、僕らは「滋賀栗東《りっとう》ボーイズ」というボーイズリーグの野球チームに入った。野球界には、中学野球、高校野球、大学野球、社会人野球、プロ野球など、さまざまなカテゴリーがあるが、強豪校とか弱小チームとかは関係なく、基本的にカテゴリーがひとつ上がるだけで野球の質はガラッと変わる。単純にピッチャーの球速が上がるとか、バッターの打球の飛距離が伸びるとかといった話だけではない。内野手の一塁までの送球スピードが速くなり、外野手の守備範囲も格段に広がる。ランナーの足も速くなる。野球全体がレベルアップするのだ。

少年野球から中学校の軟式野球部に変わるだけでもカテゴリーがひとつ上がることになるのに、ボーイズリーグのチームというのは中学の部活動よりもさらにレベルが高く、実力的には中学の部活の選抜チームのような位置づけにある。いきなり2段階も野球のレベルがアップして、僕は大いに戸惑った。初めての硬式球の扱いにもてこずり、別競技とまでは言わないが、別次元でプレーしているような錯覚に陥った。

特に先輩選手たちとの差を痛感させられたのはフィジカル面だった。滋賀栗東ボーイズで僕はピッチャーからショートへのポジション転向を命じられる。端的に言えば、僕の球速では、ボーイズリーグのレベルでピッチャーとしては難しいという判断だ。

反対に地肩の強い兄がピッチャーへコンバートされた。バッティングに関しても、ボールをバットの芯で捉えているはずなのに、思うような打球が飛ばない。いかに自分が非力であるかを思い知らされた。幸いにも1年生の時から試合には出させてもらえたが、フィジカル面での差を埋めるのには時間を要した。

一方、兄のほうは意外とすんなりレベルの差に適応できたように見受けられた。もちろん僕と同様に体格・体力面では上級生より劣っていたが、練習では器用に立ち回り、試合でも結果を出していた。さすが「お兄ちゃん」だ。

チームの練習は土曜日曜を含めて週に5回。ナイター設備もあるグラウンドで、平日も夜遅くまで練習に励んだ。中学2年生、3年生と学年が上がるにつれ、身体面も順調に育っていき、僕ら兄弟はチームの中心選手へと成長していく。チームも全国大会出場を果たすなど好結果を残し、ボーイズリーグでも、双子の「松田ツインズ」として注目されるようになった。

ただこの評価は、一番ショートの僕より、四番ピッチャーの兄の功績が大きかったように思う。

振り返ってみると、ふたりの野球における実力差が最も開いていたのはこの時期だったかもしれない。

事件

中学3年生の時、松田家にある出来事が起こる。なんと兄がボーイズリーグの日本代表チームのメンバーに選出されたのだ。京都田辺ボーイズの今江敏晃《いまえとしあき》（2024年シーズンまで東北楽天ゴールデンイーグルス監督）、大東畷《だいとうなわて》ボーイズの中村剛也《なかむらたけや》（現・埼玉西武ライオンズ）など、メンバーにはそうそうたる顔ぶれが並ぶ。兄もその一員に選ばれたのだからビッグニュースだ。

ところが兄は父の意向で代表チームへの参加を辞退することになった。父は「双子一緒なら喜んで参加させてもらいたい」と答えたらしい。僕と兄の間に明確な差ができることを避けたわけだ。

ここでよく耳にする、「双子あるある」のひとつを紹介したい。子供のころに双子が同じ習い事を始めたとする。ただ、双子といっても性格は違うし、上達のスピードも違う。ふたりの実力に差が出るのは当然のこと。そして、その差がある程度以上に開きすぎると、実力が下のほうが習い事をやめてしまう。そういうことが多々あるそうだ。

歳の離れた兄弟なら、兄の実力がかなり上でも問題はないだろう。しかし双子の場合はそうはいかない。基本的には対等の関係が望ましい。

もちろん、必ずしも双子で同じ習い事を続ける必要もないだろう。ただ、同じ習い事をしていたら、励まし合ったり、助け合ったり、刺激し合ったりというような双子の最大のメリットをより生かせるようになる。

せっかく双子に生まれて、同じ野球を好きになったのだから、せめて高校卒業まではお互いに刺激し合い助け合いながら頑張ってほしい。それが父親の教育方針だった。

実は今回、本書をつくるにあたり、子供のころの記憶を呼び覚ますため、両親と兄に当時の思い出話をする家族ミーティングの機会を作ってもらった。当時は話せなかった両親の考えや兄の心境などを聞けて、とても有意義だったが、父は、兄に代表チーム参加を辞退させたこの出来事がずっと引っかかっていたようだ。

双子は平等に。いつも一緒に。その教育方針に後悔はないという。辞退の決断は、弟の気持ちを慮《おもんぱか》っただけでなく、長い目で見ればそれがふたりのためになると父が信じていたからでもある。しかし、一方で自分の決断が兄の可能性を狭めてしまったのではないか。そんな思いが心の底のどこかにずっとあったという。

兄のほうは、当時は参加してみたかったと悔しさもあったが、ずっと双子で一緒にやってこられてよかったそうだ。その兄の言葉を聞いて父は安心したようだった。

当時の僕は、兄が代表チームに選出されたこと、そして参加を辞退した結果だけは知っていたが、辞退までの過程については何も聞かされていなかった。

何度か父と兄がふたりだけで話し合っている場面を目にしたので、なんとなく感づいてはいたが、自分から理由を聞こうとはしなかった。いや、正確に言えば自分からは聞けなかった。

僕に非はないかもしれないが、僕にもっと実力があったら、兄が辞退するような目に遭わなかったことも確かだ。

逆の立場になったことを考えると、いたたまれなくなる。もし僕が日本代表チームに選出されたものの、兄が選ばれなかったという理由で辞退させられたら、どんな感情を抱くだろう。「父は理不尽だ」と嘆くのか。「兄のせいだ」と恨むのか。おそらく黙って父の決断を受け入れることになっただろう。

実際、兄もそうやって父の意向に従い参加を辞退し、そのことについて僕に何かを話したことはなかった。当然、僕から兄に話しかけることもできなかった。

現在、僕も2児の父親となり、子育ての難しさを実感している。自分は子供たちのためになにをすべきなのか。子供にとっての幸せとは何なのか。そうやって悩むたびに、自分の両親も苦労しながら教育してくれたのだろうと思いを巡らせる。いかに僕ら兄弟を大切に育ててきてくれたか。自分も同じ親の立場になったからこそ、改めて感謝の気持ちでいっぱいになる。

実はこの出来事の後、家族の誰ひとりとしてあえてこの話題に触れるようなことはなかったので、いつの間にか兄の代表辞退は、なんとなく松田家のタブーのようになっていた。それが今回の家族ミーティングで、当時の家族みんなの心の内が明らかになった。

読者の皆さんには申し訳ないが、僕個人としては、当時の兄の心情を知ることができ、父の安堵《あんど》の表情を見られたことだけでも、本書を出した意味があると思っている。

家族全員がすがすがしい気分になれたのではないかと思う。

中京商業高校

中学も卒業が近づくと、進学先の高校を決める時期がやってくる。僕ら兄弟のもとには県内外の高校から野球推薦の話がいくつか届いていた。どこの高校へ進学するのか……。僕ら兄弟の進路を話し合う家族会議が開かれた。僕の希望は寮生活を送れる高校。親元を離れ、少しでも自立できる環境に身をおきたいと思ったからだ。

両親の出した条件は、兄弟で同じ学校に進学すること。

実は兄のもとには、兄個人に対する誘いの話が複数の高校から来ていて、その中には当時の強豪校である大阪の私立高校、ＰＬ学園高等学校の名前もあった。兄としては、ＰＬ学園でプレーすることに興味があったようだが、残念ながら両親の意向で却下された。

今回の家族ミーティングでこの件についても兄に当時の気持ちを尋ねてみた

が、どうやらいまだに少しだけ心残りがあるようだった。兄は、
「結論から言えば、同じ高校で兄弟一緒に頑張れてよかったと思っているよ。ただ、もしPL学園に入学していたら、その後の自分の野球人生はどうなったかなあと。そっちの世界ものぞいてみたかったかな」と話した。

何回かの家族会議を経て、僕たち兄弟は岐阜県の中京商業高等学校（現・中京高等学校）へ進学することになった。

高校野球ファンなら中京と言えば愛知県の中京高等学校（現・中京大学附属中京高等学校）を思い浮かべる方が多いだろう。立ち襟のユニフォームが特徴的で（ちなみに中京商業も立ち襟だ）、甲子園大会で何度も優勝を果たしてきた名門校だ。

実は僕ら兄弟も同じだった。冗談のような話だが、僕らは岐阜の中京商業の野球部の寮に入るその日まで、自分たちが入学する「中京」は愛知の中京高校だと信じていたのだ。当然のことだが、父はどの学校に進むのか、正確に知っていた。

中学の卒業式が終わって春休みになり、高校の入寮日に兄とふたり、父の車で学校へ向かう。

どんな学校なんだろう？　野球部はどんな設備で練習しているのか？　名古屋は大都会だよな。車中で兄とそんな会話を交わしているうちに、ふたりとも居眠りをしていた。

目的地に到着し、父に「着いたぞ」と起こされた。そして、車を降りて驚いてしまった。そこは大都会どころか山に囲まれた田舎町だった。

「えっ⁉」

僕は絶句したまま兄と目を見合わせた。

信じられないような勘違いだったが、いまさらグダグダ言っても始まらないし、時間も待ってはくれない。今日は入寮日だし、翌日からは野球部の練習も始まる。そして間もなく入学式もやってくる。

それによくよく調べてみると、中京商業も、春夏の甲子園大会に計6度出場したことのある強豪校だった。グラウンドも立派で、トレーニングルームの設備も充実していた。

もう、やるしかない！

兄と話し合い、この学校で一緒に頑張っていこうと覚悟を決めた。

岐阜県瑞浪《みずなみ》市にある中京商業高等学校——思い描いていた舞台とは少し違ったけれど、ここから僕ら兄弟の「甲子園への道」が始まった。

第2章
野球漬けの日々

栄光と挫折を味わった
高校時代。
頂点と激震を経験した
大学時代。

新生活

中京商業高等学校硬式野球部（当時）を率いていたのは小嶋雅人《こじままさと》監督だ。小嶋監督は中京商業出身で、大学卒業後に母校の野球部監督に就任。一時期、軟式野球部を担当していたが、僕らが入学した時には硬式野球部の監督に復帰されていた。厳しそうだが、面倒見が良さそう。それが小嶋監督に会った時の第一印象だった。

ちなみに、中京商業はスポーツの盛んな高校で、全国レベルで活躍する部活動がいくつかある。その中でも軟式野球部は見事な成績を収め続ける強豪中の強豪として知られ、僕らが入学した年にも全国高校軟式野球選手権で日本一になっていた。

中学1年で滋賀栗東ボーイズに入った時、僕はいきなり野球のレベルが上がったことに戸惑ってしまい大いに苦しめられた。その経験が生きたのかどうか定かではないが、高校野球に対しては、割とすんなり適応できた。

フィジカル面で大きな不利を感じなかったのが要因だろう。もちろんパワーではかなわない先輩たちもいるが、そこは技術で補えばいい。そう思えるくらいに体力面の差は少なかった。ボーイズリーグの延長のような気持ちで、先輩たちと同じ練習メニューをこなすことができた。

僕は入部してすぐに練習試合で起用してもらえた。ポジションが違うので一概に比較できないが、兄より先に高校野球の舞台でプレーできたことは、素直にうれしかった。

全国高等学校野球選手権岐阜大会（夏の甲子園大会の岐阜県予選）にも、六番サードのレギュラーとして出場。残念ながらチームは3回戦でサヨナラ負けを喫してしまったが、僕個人としてはいくつもの収穫を得られた大会だった。

俺はこのカテゴリーでもやっていけるぞ。十分に通用するんだ。そう思えた。僕にとっては、上々の高校野球のスタートだった。

初めて親元を離れて暮らす寮生活は、想像していたよりも快適だった。同年代の数十人の仲間たちと寝起きを共にする毎日。慣れずに苦労することもあったが、それを超えるくらいの新鮮味があったし、刺激的で楽しくもあった。たまに家族が恋しくなることがあっても、そこは頼れる兄がそばにいるので心強かった。

寮生活を始めてから、中学時代よりも兄と会話する機会が増えたような気がする。もちろん兄弟仲は良かったので、実家にいる時からよく野球談義を交わしてきた。ただ、「あのチームのピッチャーのこの変化球は厄介だな」とか、「来月の大会では優勝して全国大会へ行こう」とかといった内容の話は対等にできても、プレーの感覚や技術に関する話題になると、高校入学前はどうしても僕が聞き役に回る場面が多かった。

今から振り返ると、自分より野球が上手な兄に対して、例えば「自分はこんな感覚でボールを捉えている」といった話をすることに少し気が引けていたのだろう。

でも、「この高校でレギュラーを獲った今なら堂々と自分のプレー感覚を披露できる。お兄ちゃんだって僕の技術を認めてくれる」。そんなふうに思えた。それほど、兄より先にレギュラーに定着できた事実は、僕にとって大きな自信となったのだ。

甲子園

夏の大会後、新体制となったチームで兄はエースを任され、僕は三番ショートで起用された。秋の県大会では早々に敗れ、高校野球選抜大会（春の甲子園）への出場はかなわなかったが、2年生になった春の県大会では、見事に優勝。第1シードで、夏の甲子園岐阜県予選を迎えることになる。

僕らは順調に勝ち進み、決勝戦でも岐阜南高等学校（現・岐阜聖徳学園高等学校）を撃破。中京商業としては25年ぶりの夏の甲子園大会出場を決めた。

兄は予選の全試合で登板を果たした。僕も6割を超える打率を残した。僕ら兄弟がともにチームの原動力となり、共通の夢であった甲子園出場を果たせたことには充実感があった。

甲子園大会初戦（2回戦）の相手は、沖縄県代表の那覇高等学校。その2回戦を突破できた場合、順当にいくと次の相手は兵庫の強豪・育英高等学校が予想された。

那覇高校戦で、小嶋監督は思い切った作戦に打って出る。

エースである兄を先発させずに温存したのだ。決して那覇高校の実力を侮っていたわけではない。大会でより上位に進出するために……と熟考した末の起用法だ。

ところが予想に反し、試合は序盤から投手戦の展開。中京商業は五回に1点先制するが、七回に追いつかれ、試合は延長戦へ突入する。

エースの温存作戦が裏目に出たわけではない。こちらの打線が相手投手を打ち崩せなかったのが誤算だった。

そして、十一回表那覇高校の攻撃。二死二塁のピンチを迎えた。五番打者の打球が三遊間を襲う。ショートを守る僕は逆シングルで捕球し、体勢を立て直して一塁へ送球した。

しかしボールを握り損ねてしまい大暴投！　送球はファーストのはるか頭上を抜けていってしまった。その間に二塁ランナーがホームイン。この1点が決勝点となり、試合はそのまま1対2で、チームは敗れ去った。

あの時のことを思い出すと今でもつらかった気持ちが蘇《よみがえ》る。

自分はなんてことをしてしまったのか。

自分のエラーでチームを負けさせてしまった。

自分が3年生の高校野球生活を終わらせてしまった。

レギュラーになれなかった選手や、ベンチ入りできなかった選手の「自分たちの分まで頑張ってくれ」という痛いほどの思いに応えられなかった。

せっかく甲子園にまで応援に来て、声を嗄《か》らして声援を送ってくれたクラスメイトや、学校の仲間たちの期待を裏切ってしまった。甲子園出場を我がことのように喜んでくれた野球部のＯＢや関係者の夢を壊してしまった。

あまりにもショックで、頭の中は真っ白だった。試合後の出来事も断片的にしか覚えていない。

試合終了後、アルプススタンドの応援団へあいさつに向かう際には、身体に力が入らず、チームメイトの肩を借りなければまともに立っていられなかった。兄によると、チームメイトが用具の片付けを済ませ、ベンチを後にしてからも、僕は隅のほうに残り号泣していたという。兄が「もう帰ろう」と声をかけてくれたそうだが、まともに顔を上げられなかったらしい。

兄もつらかったに違いないのだ。結局、兄は一度もマウンドに立つことなく、甲子園から去ることになってしまった。それなのに、兄は僕を責めなかった。

「申し訳ない……。お兄ちゃん……、申し訳ない……」

何度もそう言ったように思う。

兄の顔もぬれていたことは覚えている。兄は黙って僕の肩を力強く抱いてくれた。


甲子園で僕は1球の怖さ、ワンプレーの重みを痛いほど感じさせられた。

「お前だから、あの打球に追いつけたんだよ」

先輩を含めたチームメイトたちの慰めが心にしみた。

確かにあのプレーは当時の僕にとっては全力を出した末の結果だった。体勢を崩しながら捕球したのなら一塁への送球を諦める選択肢もあった。1対1の延長戦、緊迫した投手戦という試合展開。ツーアウトで次は六番バッターという試合状況。それらを加味すれば、むしろ自重すべきだったとも思う。すべてを含めて僕の力量不足が招いた結果だったと言えるだろう。

変化

それから僕は練習中に気を抜くことは一切なくなった。キャッチボールの段階から、１球１球丁寧に投げ込んでいく。

同じ思いは、もう二度としない。そう心に刻み込んだ。

チーム練習とは別の個人練習にもさらに精を出すようになった。

そのころ、特に集中して行っていたのはウエイトトレーニングだ。筋トレは正直で、やったらやった分だけ結果として返ってくる。筋力がアップすると、単に打球の飛距離が伸びるだけでなく、守備範囲が広がる上に、走力もアップする。すべてのプレーの質が向上するのだ。

本来なら、専門家と相談しながら、十分な休息時間を設けるなど計画的にメニューを組むべきだろう。また、「このプレーのこの動きの質を高めるために、この筋肉を鍛えよう」といった目的意識も持たなければならない。

しかしそんな知識もない当時の僕は、ただがむしゃらにトレーニングに励んだ。そんなやり方でも、それまで筋トレを経験してこなかった分、効果はすぐに表れた。それがうれしくて、さらに夢中になっていく。

中京商業のトレーニングルームは24時間開放されていて、チームメイトが寝静まった深夜にトレーニングルームにこもるのが日課だった。会話を交わす相手もいないので、ただ黙々とマシンに向かう。

自分の集中力が研ぎ澄まされていくような感覚を味わえるこの時間が僕は好きだった。

キャプテン

3年生が引退し、いよいよ僕らが最上級生の新チーム体制となる。

このころから、僕の中でずっと抱いてきた「野球だけは絶対に兄に負けたくない」という思いが、徐々に薄らいできていた。あれだけ思い悩んできたのに不思議なものだ。

そもそも僕と兄はポジションが違う。そんな相手と無理に争っても得られるものは多くないだろう。それに兄に勝ったところで、チームが負けてしまえば意味がない。

これからはふたりが名実ともに中心となってチームを引っ張っていかなければならないのだ。そのためには良きライバルとして切磋琢磨《せっさたくま》しながら、お互いを高め合っていく関係が望ましいのではないか。

そんな決意のもとに、僕は新チームのキャプテンに立候補した。兄を差し置いて、自分が前に出るなんておこがましい……。そうやっていつも一歩下がっていた子供のころの僕は、もうどこにもいない。

それに前年度の優勝チームのキャプテンには、優勝旗返還というおまけの大役が任される。翌年、夏の岐阜県予選の開会式で、僕は優勝旗を掲げながら岐阜県内のすべての高校球児の先頭を切って行進することになるのだ。考えただけでもワクワクする。子供のころから持っていたものの、心の奥底に隠していた目立ちたがり屋の血が騒ぎ出した。

新チームの評判は自他ともに高かった。実を言うと夏の甲子園に出場したレギュラーの半数近くが、僕たちと同じ2年生だったのだ。投打の中心となる僕ら兄弟に加え、甲子園を経験した実力者たちもチームに残る。新チーム結成当初から「実力は県内ナンバーワン」と評価されていたし、自分たちも当然、翌春の選抜大会と来夏の選手権大会に出場できると思い込んでいた。頭の中では、甲子園でどこまで勝ち抜けるかというところまで思いを巡らせていた。

誤算

そんな過大な自信が、慢心につながったのかもしれない。秋の県大会は準々決勝で、まさかの逆転負け。春の高校野球選抜大会出場への道はあっけなく絶たれてしまう。

選手個々の実力は間違いなく県内で一番だった。野球はチームスポーツだというが、総合力でも負けていなかった。それなのに、肝心な場面で底力を発揮できない。何が足りなかったのか……。もしかしたら、キャプテンの慢心が、仲間たちにも伝わってしまったのかもしれない。俺たちは強い。普通にやれば勝てるはず。負けてもなお、僕を含めて選手の多くがそう信じていた。

本当に強いチームは、「自分たちは対戦相手より上だ」という自信と、相手をリスペクトする謙虚さを両立できる。しかし僕らはそのバランスを崩してしまっていた。

僕たちは秋の大会で負けたが、翌年春の県大会では優勝することができた。ただ、この優勝を経験したことで、僕たちは秋の負けを「たまたま」で済ませてしまった。

夏の岐阜県予選を迎えた時も、僕らは優勝候補の筆頭だった。見た目のチーム力はさらに向上していたが、慢心は消え去ったわけではなく、潜んだままだった。

この大会ではアクシデントに見舞われる。落とし穴は4回戦の岐阜高校戦で待っていた。試合は六回を終えて3対0でリード。完全に勝ち試合のムードだ。

ところが七回、マウンド上の兄の右足がけいれんを起こしてしまった。おそらく水分不足により、足がつってしまったことが原因だろう。

この日の兄は絶好調で、それまでひとりのランナーも許さずに相手を抑え込んでいたが、突如、制球を乱してしまった。あっという間に満塁となり、押し出しで失点してしまう。

ここで投手交代。代わりにマウンドに上がったのは、二番手投手の役目も兼ねていた僕だった。兄のためにも何とかこのピンチを脱しなければ……そう意気込んで、マウンドに立ったが、現実は甘くなかった。

パスボールと犠牲フライで簡単に同点に追いつかれ、続く八回も勢いづく相手を止められず4失点。結局6対8で敗れ、僕らの高校野球は終わってしまった。

3年生にとって最後となる夏の大会を、一度も負けずに終われるのは全国でただ1校、甲子園で優勝した学校だけである。残りのすべてのチームは、どこかで敗退の味を知る運命にある。それでも、僕らにとってこんな幕切れの仕方は、想像もできなかった。

試合後、両目を腫らした兄が「申し訳なかった」と謝ってきた。ちょうど1年前の甲子園と逆の構図だ。確かに兄にアクシデントがなければ問題なく勝てた試合だっただろう。しかし、敗戦はエースだけの責任ではない。キャプテンの僕にもできることはたくさんあったはずだ。

僕は高校時代に通算60本塁打を記録した。甲子園での苦い経験を糧《かて》に、選手としてひと回り大きくなれたという自負もある。ひとりのプレーヤーとして、チームに貢献できたと言えるだろう。

ではキャプテンとしてはどうだったか？

部員たちに練習メニューを指示すること。全校集会で野球部を代表してあいさつすること。開会式で優勝旗を返還すること。それらは、あくまで表面上の役割に過ぎない。

ではキャプテンの本当の仕事は何か？　それはチームをまとめ上げることだ。

部員たちの結束力を高め、それをチーム力の向上につなげていく。それこそが真の役目だろう。

僕は何もわかっていなかった。形だけのキャプテンだったのだ。追い詰められた場面での必死さ。1点を奪い取る執念。そういった本当に強いチームが必ず身に付けている要素は、チームがひとつにまとまった時、いざという時に大きな力を発揮する。これがなかったと思う。

(お兄ちゃんだけの責任じゃない)

僕は黙って兄の背中を擦《さす》りながら、自分にそう言い聞かせた。

それぞれの進路

思いもかけない段階での敗退で、すっかり暇になってしまった夏休みをどう過ごすべきか。兄とふたりで頭を悩ませた。ふたりとも高校を卒業した後も野球を続けるつもりだったので、部活動を引退した後もトレーニングは継続する予定だった。

だが、ここはいったんリセットして夏休みだけは遊びまくろうという話で落ち着いた。海やプールで遊び、花火大会に行く。普通の高校生が味わうような夏休みのイベントを僕らも存分に楽しんだ。

高校卒業後、僕は小嶋監督の母校である亜細亜大学へ進学しようと決めていた。実は夏休みや春休みなど長期休暇のたびに、兄とともに何度か練習に参加させてもらったことがあり、それがセレクションも兼ねていたのだ。大学生に交じって行う練習は確かにつらかったが、その分やりがいもあった。

ところが同じころ、兄は逆に「自分は亜細亜大には行かない」という決心を固めていたらしい。

投手組と野手組はメニューが違うので、どんな練習内容だったか定かではないが、どうやら自分には合わないと判断したらしい。

両親も交えて家族会議が開かれた結果、兄は社会人野球の名門、トヨタ自動車へ入社することになった。同期には金子千尋《かねこちひろ》投手（元・オリックス・バファローズなど）がいて、高卒で入部したのはこのふたりだけだったという。

ちなみに1年後輩には同じく高卒の吉見一起《よしみかずき》投手（元・中日ドラゴンズ）がいる。ふたりはいずれもプロに進んだ後、所属チームのエースになった。トヨタ自動車野球部のレベルの高さがうかがえる。

初めて兄と違うチームで野球をすることになった。僕らはこれからそれぞれが選んだ、それぞれの次のステージへ足を踏み入れるのだ。

亜細亜大学

亜細亜大学硬式野球部は、東都大学野球連盟に所属する古豪で、過去に何人ものプロ野球選手を輩出している。

とにかくハードな練習で知られ、練習中に倒れ込む選手が続出するなど当たり前の光景。中には吐いてしまう者もいるほどだ。間違いなく日本一厳しい練習をする大学の野球チームと言っていいだろう。

また、軍隊と表現されるほど、厳しい上下関係や厳格な規律も存在する。毎年20〜30名が入部するが、厳しさに耐えかねてやめる者ももちろんいる。大学の校舎は東京都武蔵野市にあるが、野球部のグラウンドと合宿所があるのは同じ多摩地区でも西の山寄りだ。野球部員たちは、授業に出席する時間以外、その地獄で朝から晩まで練習に追われる毎日を送っている。

僕が入学した時の4年生は、いわゆる松坂世代で、将来有望な選手が多数そろっていると注目されていた。亜細亜大にも、キャプテンの小山良男《こやまよしお》さん（元・中日ドラゴンズ）、木佐貫洋《きさぬきひろし》さん（元・読売ジャイアンツなど）、永川勝浩《ながかわかつひろ》さん（元・広島東洋カープ）など、後にプロ野球の世界へ足を踏み入れるアマチュア野球界のスター選手たちがいた。もちろん3年生、2年生、同級生も全国レベルの実績を誇る実力者ばかり。そんな先輩や仲間たちに囲まれて、僕の大学野球生活はスタートした。

高校時代に何度か練習に参加したことがあったので、亜細亜大の練習がどの程度のものかは身をもって理解している。自分でも十分についていけるはずだ。だから、気後れだけはしないでいこう。そう思い、練習着の袖に腕を通した。

上々のスタート

期待と不安が入り交じった船出だったが、僕は入学早々、なんとサードのレギュラーに大抜てきされた。当時の内田俊雄《うちだとしお》監督に打撃力を評価していただいたのだと思う。ショートとしての守備力は大学野球レベルではまだ粗削り。だから、より守備の負担が少ないサードで起用して、打撃に集中させる。そんな狙いがあったのではないか。

4月から始まった春季リーグでは四番サードとして出場し、3本塁打をマーク。チームは4季ぶりの優勝を果たした。

6月の全日本大学野球選手権でも僕らは順調に勝ち進み、決勝戦で早稲田大学と対戦。早稲田のメンバーも、和田毅《わだつよし》さん（4年、福岡ソフトバンクホークス）、比嘉寿光《ひがとしみつ》さん（3年、元・広島東洋カープ）、鳥谷敬《とりたにたかし》さん（3年、元・阪神タイガースなど）、青木宣親《あおきのりちか》さん（3年、元・東京ヤクルトスワローズなど）、田中浩康《たなかひろやす》さん（2年、元・東京ヤクルトスワローズなど）と、スター選手ぞろいだった。

試合は、木佐貫さんと和田さんの投手戦で進む。そして1対1で迎えた九回裏の攻撃。僕のヒットを足がかりにチャンスを作り、最後は犠牲フライでサヨナラ勝ち。見事、大学日本一に輝いた。

これが入学からわずか3か月弱の出来事である。まさに怒濤の日々だったが、初めて経験する日本一の座は心地よかった。わずか11か月前に、県大会の4回戦で敗れて涙した出来事が、遠い過去のことのように感じられた。

プロへの決意

うれしいニュースは続く。大学選手権での活躍が認められ、僕は8月にイタリアで開催される第1回世界大学野球選手権大会の日本代表チームに選出された。代表メンバーには、早稲田の和田さんや鳥谷さんのほかにも、日本大学の村田修一《むらたしゅういち》さん（元・横浜ベイスターズなど）、東海大学の久保裕也《くぼゆうや》さん（元・読売ジャイアンツなど）、九州共立大学の馬原孝浩《まはらたかひろ》さん（元・福岡ソフトバンクホークスなど）など、そうそうたる顔ぶれが並ぶ。亜細亜大学からは、小山さんと木佐貫さんに僕を加えた3名が選出された。1年生は僕だけだった。

まさに大学オールスターと呼ばれるような豪華な布陣で、この年または翌年のドラフトで確実に上位指名される選手ばかりだ。


このタイミングで日本代表チームに参加できた経験は、野球人生における大きな転機となったように思う。

将来のプロ野球選手である先輩たちは、割と気軽な感じで「ドラフトの自由獲得枠で行く球団は決めたのか」とか「お前があのチームに行くのなら、俺はこっちにしよう」なんて会話を交わしている。それまでの人生で、「プロ野球」というワードをここまで身近に感じたことはなかった。

こんな選手たちがプロ野球の世界に行くのか、すごいなあ。

ん？　ってことは、俺も先輩たちのような選手になれれば、プロに行けるチャンスがあるのでは……。

今の自分に足りないものは何だ？

僕は初めて自分の将来像として、プロ野球選手を意識した。

8月の本番で日本チームは3位の結果だった。僕にとって初めて経験する世界の野球は非常に興味深いものだったが、それよりも、代表チームのすごい先輩たちとともに練習し、一緒に戦えたことのほうが印象に残っている。

大学を卒業したら、プロ野球選手になりたい！

ドラフトで指名される選手に成長するんだ！

ハードワーク

明確に目標を立てた僕は、ますます練習に励むようになった。

亜細亜大の体力強化練習は、最新マシンを使ったメニューがほとんどなく、自重（自分の体重）を負荷として利用した昔ながらのメニューが多かった。さまざまな種類のスクワットに腕立て伏せ、手押し車、逆立ち……。

一見すると地味に思えるが、これがなかなかハードで身体にこたえる内容になっている。表面の筋肉ではなく、身体の芯を鍛えるようなイメージだ。

とにかく毎日続けることが重要で、日本代表チームの合宿期間中も、小山さんと木佐貫さんと僕の3名は、チーム練習終了後に、内田監督から課せられた体力強化メニューをこなさなければならなかった。

ほかの選手から「さすが亜細亜！」と冷やかされたり、同情されたりもしたが、僕はそれほど気にならなかった。代表チームの練習レベルは高く、技術的には驚かされることばかりだったが、練習量としては普段と比べて格段に少なく、物足りないと感じていたからだ。


大学の練習に慣れてくると、空いた時間に自主トレにも打ち込むようになる。その際は学生コーチの存在が大きな助けとなった。学生コーチとは、選手として試合に出場するのではなく、選手の相談に乗ったり、練習のサポートをしたりしてチームを支える部員のこと。亜細亜大では、先輩にあたる学生コーチの皆さんが、1年生の僕にも対等に接してくれ、どんな練習にも嫌な顔ひとつせずに付き合ってくれた。

高校時代、個別練習と言えば文字通りひとりで取り組むことが多く、どうしてもできるメニューは限られた。でも、学生コーチがいれば、どんな時にも自分のやりたいトレーニングができる。本当にありがたい存在だ。

亜細亜大の野球部は地獄と表現されることもあるが、僕にとってはある意味で、天国のような環境だった。

このころ、自分自身について気づいたことがあった。これは、高校時代からうすうす感じていたことだが、どうやら僕は周りの人に比べて、苦しい練習に対する耐性があるらしいということだ。ハードな練習に対する鈍感力と言ってもいいかもしれない。

もちろん、厳しいトレーニングをして、足腰が立たなくなることもあったし、「もう、こんな練習は二度とやるか！」と思ったこともある。

だが、練習自体を嫌いになってしまったことは一度もない。トレーニングはつらく感じるけれど、そのつらさを乗り越えた先に野球の上達が待っているなら、「もうけものじゃん」とも思う。仲間たちから練習の愚痴を聞くたびに「自分の感覚は少し違うのかな」と感じ始めていた。

本書のための家族取材で明らかになったことだが、どうやら兄は僕より前、しかもかなり以前から、そのことに気づいていたという。

兄は「子供のころから練習量だけはノブにかなわんかった」と言ってくれた。高校時代、僕が深夜にひとりでトレーニングに励んでいたことも知っていた。亜細亜大の練習に参加した時も、兄は「こんな練習を毎日続けるなんて、まっぴらだ」と思ったそうだが、僕が大学生に交じって、平然とメニューをこなす姿に舌を巻いたという。

兄が僕のことをそんなふうに思っていたのは意外だった。

「誰よりも練習できることがノブの才能だよ」とも言ってくれた。

自分にも兄より優れた点があったと気づけたことは素直にうれしかった。

3年の秋季リーグが終わり、僕らが最上級生となるチームが発足した。

3年秋までのリーグ公式戦で、僕は計15本のホームランを放っていた。東都リーグの記録は、井口資仁《いぐちただひと》さん（青山学院大学、前・千葉ロッテマリーンズ監督）の持つ24本。タイ記録まであと9本で、新記録まで10本。僕は2年の秋に6本塁打を記録したことがある。

残すのは4年春、4年秋の2季。決して不可能な数字ではない。

周囲から「記録を狙ってみろ」と期待の声が上がると、だんだんとその気になってくる。亜細亜大野球部のキャプテンは立候補制で決まるのだが、僕はこのタイミングで自ら手を挙げた。

キャプテンとしてチームを優勝に導き、選手個人としては本塁打のリーグ新記録を狙う。そしてドラフトで上位指名される。それが大学4年生としての目標だった。

激震

ところがキャプテンに就任した直後の２００４年の12月、野球部の存続に関わるような大事件が発生する。複数の部員による不祥事が発覚したのだ。スポーツ紙などメディアでも大きく取り上げられ、部はただちに活動を自粛した。間もなく連盟からは「６か月の対外試合禁止」という処分が下された。春季リーグには参加できず、秋は下部の二部リーグで戦わなければならない。この処分は当然のものだったと思う。

しかし、大半の部員は不祥事に関与していない。キャプテンを務める僕は、残った部員たちの気持ちが野球から離れてしまわないかと心配だった。「もういいや」と自暴自棄になって退部者が続出したら、チームが崩壊してしまう。

伝統ある亜細亜大硬式野球部の灯を僕らの代で消すわけにはいかない。野球部自体が消滅することはないかもしれないが、二部に在籍したままなら、入学を希望する、甲子園で名を馳せたようなレベルの高校生の数は、確実に減るだろう。野球推薦の枠も少なくなるかもしれない。

そうなればチーム力は落ち、降格する可能性も出てくる。悪循環に陥ったら、立て直すのに相当な時間と労力を要するだろう。そんな事態だけは絶対に避けたかった。

4年生を中心に何度もミーティングを重ね、チームの今後について話し合った。そして僕らは、「秋の二部リーグで優勝を果たし、一部に昇格する！」という目標を立てた。

目標を達成するために、キャプテンの自分にできることは何か？

求められるのはチームの結束力だ。僕は毎朝6時から朝練に取り組んだ。それまでは1年生の仕事だったグラウンド整備も率先して行った。練習時間の合間には、地域のボランティア活動にも参加した。

その姿に部員たちも何かを感じてくれたのかもしれない。「試合がないのなら野球はもういい」と諦めてしまう部員はひとりも出なかった。

迎えた秋の二部リーグ。僕らは試合をできる喜びをかみしめながら、目標である優勝を果たす。一部リーグ最下位の中央大との入替戦にも勝利し、翌年の春季リーグから一部昇格が決まった。次の代へ襷《たすき》はつながったのだ。

正直、ほっとした。キャプテンとして何よりうれしかったのは、部員のみんながまとまれたことだ。個人的には、1年生の時に経験した大学日本一よりも意味がある優勝だったと思う。

プロ入り

リーグ戦が終わるとすぐにドラフトの時期がやってくる。僕は希望入団枠で福岡ソフトバンクホークスへの入団が内定していたため、割と落ち着いてドラフト当日を迎えられた。結局、4年生の時には二部リーグでしか試合に出ていない。ホークスがそんな選手をずっと高く評価し続けてくれたことがありがたかった。

プロ入りが決まったことを両親に報告すると、「おめでとう」と喜んでくれた。実は父は、将来的にもし双子のうちどちらかだけがプロ野球選手になるとしたら、兄ではなく僕のほうだと思っていたそうだ。その言葉には驚いた。子供のころから兄のほうがずっと野球が上手で、才能にもあふれていた。父は僕の練習好きな性格に可能性を感じていたという。

「野球のカテゴリーが上がれば当然、練習内容はどんどん厳しくなる。でもノブはどんな練習でも諦めないから、すぐにそのカテゴリーで通用するレベルに成長できるだろう」。そう感じてくれていたそうだ。

兄は「次は俺の番だ」と言っていた。トヨタ自動車に入社後、兄はけがの影響もあり、まだ思ったような成績を残せていなかった。年齢的には、僕が大学3年の時からドラフトの対象だったが、候補選手としてメディアに名前が挙がるものの、指名にまでは至っていなかった。

今度はプロの世界で兄が来るのを待つ番だ。

即戦力として期待してくれているチームのためにも、1年目からレギュラーを獲るぞ。自分ならできる。僕は意気揚々と福岡の地に乗り込んだ。

第3章
ルーキー

ルーキーながら
開幕スタメンを獲得。
しかし、プロの世界は
甘くなかった。

寒男

2005年ドラフトの希望入団枠で、僕は福岡ソフトバンクホークスに入団した。同期には、大学社会人ドラフト3巡目指名で入団した投手の藤岡好明《ふじおかよしあき》（現・くふうハヤテベンチャーズ静岡）や、同じく5巡目指名で入った内野手の本多雄一《ほんだゆういち》（現・福岡ソフトバンクホークス内野守備走塁兼作戦コーチ）などがいる。ふたりとも高校卒業後、社会人野球を経由してのプロ入りで、学年で言えば僕のほうが1歳年上だ。

入団に際し、当時の王貞治《おうさだはる》監督（現・福岡ソフトバンクホークス取締役会長）からは「即戦力として期待しているし、将来的にはチームを代表する選手に成長してほしい」との言葉を賜った。

福岡におけるホークスの存在は、僕の想像をはるかに超える大きさだった。町中ではホークスの選手を起用した広告をいたるところで見かけるし、テレビではホークス関連の番組がいくつもレギュラー放送されている。人気球団とは聞いていたが、まさかこれほどとは……。

今どきの言葉に「シビックプライド」というものがある。町の誇りとでも言うべきか。県外の方から「福岡の魅力は何ですか？」と尋ねられたら、「ホークスがあること」と答えてくれるファンの方も多いのではないだろうか。

福岡、そして九州で人々の生活に根付き、しかも象徴として愛されている。福岡入りしてすぐに、「自分が入団するホークスとは、そういうプロスポーツチームなんだ」と感じた。

そんな「われらのホークス」に、希望枠で入団してくるルーキーは、いったいどんな選手なのか？

ファンの関心が集まるのは当然のことだろう。ドラフト後に、福岡の町を歩いただけで何度も声をかけられた。まだ、プロの世界で何の実績も残していない若手でもこんな扱いを受けるのか……。僕は一夜にして福岡限定の有名人になったような気分だった。

子供のころは控えめな性格だと思われていたが、実は周囲の注目を集めることはそんなに嫌いではなかった。高校時代から大学時代にかけて、ようやくその本来の性格を表に出せるようになってきたのだが、福岡市民のホークス熱は僕の目立ちたがり屋のキャパシティーを超えていた。

僕は初めて、注目されることによる緊張感を味わうことになる。

このころの僕は、この緊張感と「自分は即戦力として期待されている」という自信とプライドが、心の中で変なふうに混ざり合って空回りしていた。

地元メディアから、「プロ野球界でどんなに選手になりたいか」と目標を聞かれても、緊張のために本心をうまく説明できない。そして、緊張していることを悟られたくないので、さらに口ごもってしまう。

その姿は、「プレーを見て判断してください」とでも言いたげな冷めた態度全開で、ただぼそぼそとしゃべっているように見えたはずだ。気の利《き》いたコメントなどひとつも出てこない。

もし僕がベテラン選手で、チームにこんな新人が入団してきたら「お前、そんなに覇気がないんじゃ一軍で活躍できないぞ」とアドバイスするだろう。

もちろん、胸の内に情熱はあったけれど、それをうまく表現できなかった。この時の僕は、熱男どころではなく「寒男《さむお》」だったのだ。熱男が誕生するのは、もう少し先の話である。

新人合同自主トレ

年が明け1月になると、新人合同自主トレが始まった。当時、西戸崎《さいとざき》（福岡市東区）にあった施設でトレーニングを指導してくださったのは、育成担当のコーチだった湯上谷竑志《ゆがみだにひろし》さん。比較的、体力に自信のあった僕は、現役時代に名内野手でユーティリティープレーヤー（複数のポジションをこなせる選手）でもあったコーチを前にして、「おっ、あの湯上谷さんや！」と割と気楽な感じで臨んだが、すぐにそれが間違いだったことに気づかされる。

プロの練習のリズムの違いに、僕はてこずった。

自主トレのメニューは、まずウォーミングアップから始まって、次に補強練習（体力作りの練習）。実は僕はそれまでキャッチボールの前に補強練習をした経験がなかった。練習メニューの順番というささいな違いだったが、僕は戸惑ってしまった。

練習の冒頭で、足腰や体幹を鍛えるハードなトレーニングをすると、その後もずっと身体にだるさを感じたまま練習しなければならない。全体の練習量としては大したことがないのに、疲労感だけが残ってしまう。

まぁ、これは単純に慣れの問題であったので、時間がたつにつれホークスのやり方に適応できるようになったが、新人合同自主トレの期間中は、とにかく毎日ヘトヘトだった。

小学生の時から野球を始め、中学野球、高校野球とカテゴリーが変わるたびに、そのカテゴリーのレベルに順応するための努力を続けてきた。ただ、やはりプロ野球というカテゴリーは別格だった。単純に野球のレベルが上がっただけではない。そこにはプロとアマチュアの違いも含まれていた。

プロ入りが決まってから新人合同自主トレを迎えるまでの段階で既に、チームを熱心に応援してくれるファンの存在に触れるという、僕にとって初めての経験をした。練習のリズムといった小さな違いにも直面した。

大学生のころはプロとアマの違いを、「プロはプレーでお金をもらえる野球」程度にしか考えていなかったが、このルーキーイヤーからプロ2年目のあたりにかけて、大小さまざまなプロとアマの差に気づかされることになる。

プロとアマの違い

僕の感じたプロ野球とアマチュア野球の大きな違いは3つあった。

ひとつ目の違いは「徹底した練習」だ。プロは、それこそしつこいほど徹底的に練習を重ねる。

野球経験者の方なら、「股割り」という守備の基礎練習をご存じだろう。ふたりひと組で行い、まず片方が両足を大きく広げ、腰の位置を下げる。相手は正面からゆっくりゴロでボールを転がす。足を広げたほうはそれを素手でキャッチして返球。これを延々と繰り返す練習で、ゴロ守備の際に、低い姿勢で打球に対処できるようにするのが目的だ。

とても一般的な練習法で、もちろん僕もアマチュア時代に何度も経験してきた。この新人合同自主トレでも当然メニューに含まれていたが、プロのやり方はひと味違った。とにかく、ひとつのメニューの時間が長いのだ。延々と股割りの時間が続く。

大学野球界で日本一厳しいと評される亜細亜大の猛練習に4年間耐え抜いてきた。体力だけは自信がある。そんな僕が、「あれ!? まだ終わらないの？」「いや、ちょっと長すぎないか」と感じた。そして、そう感じたところから、さらにだいたい倍の時間がたって、ようやくワンセットが終了する。それが何セットも続くのだ。

練習時間には限りがあるので、プロだからといってアマの何倍も練習するわけではない。必然的に1日の練習メニューの数は少なくなる。だが、その分一つひとつの内容が非常に濃いのだ。

股割りのような基礎練習や補強練習だけではない。ノックにしても素振りにしてもトスバッティングにしても、長時間同じ練習を続ける傾向があった。当時はただ言われたことに一生懸命取り組んでいたので何もわからなかったが、今振り返ってみると、延々と同じ動きを続けることには、正しいフォームや感覚を身体に染み込ませるという目的があったように思う。

表面だけなぞって頭で理解しただけでは意味がない。身体に覚え込ませ、無意識のうちにできるようにならなければプロの試合では通用しない。そのために、とにかく徹底して練習をする。

考え方としては職人の世界に近い。それがプロのやり方だ。

2月の春季キャンプで、僕はA組（一軍）スタートだった。キャンプの練習メニューも、新人合同自主トレ同様、目新しさはなかった。衝撃を受けたのは、外国人選手のパワーのすごさくらいだろう。フリーバッティングで、フリオ・ズレータがピンポン玉のように打球を飛ばす様子を見て、文字通り目が点になった。張り合おうとさえ思えないほどのすごさだった。

プロの投球

キャンプ中盤、フリーバッティングでルーキーの僕と、ポンこと本多雄一に対して、現役の一軍投手が相手をしてくれる機会に恵まれた。マウンドに登ってくれたのは、三瀬幸司《みせこうじ》さん（現・中日ドラゴンズスカウト）。三瀬さんは、リリーフの主力投手のひとりで、サウスポーからスリークォーター気味に繰り出される切れのあるストレートと、鋭く変化するスライダーが武器だった。

初めてのプロの投手との対決。結論から言うと、僕らふたりは手も足も出なかった。三瀬さんの投げたボールをまともに前にはじき返すことができず、ほとんどが空振り。しかも、フリーバッティングだったため、投げる前に真っすぐか変化球か教えてもらっていたにもかかわらず、バットにかすりもしなかったのだ。練習後ベンチに戻って、「なんだ、あれ⁉ すごいピッチングだな」とふたりで話し、落ち込んだのを覚えている。

アマチュア球界にも、三瀬さんより球速のあるストレートを投げる投手はいた。また三瀬さんよりも多くの種類の変化球を操る投手だっていた。それなのに、なぜ僕らは全く歯が立たなかったのか。

その理由が、プロとアマのふたつ目の大きな違いである「プレーの精度」だ。三瀬さんの投球は、ストレートは内角外角のコースにきっちり投げ分けられ、スライダーはストライクゾーンからボールゾーンに変化していた。これがプロのピッチャーの投げるボールの質なのか……。初めて目にして驚いたというレベルではない。精度の高さに言葉をなくすくらいの衝撃を受けたというほうが正しい。

少し失礼な言い方になるかもしれないが、三瀬さんはプロの一軍の投手の中で特別な存在ではなかった。ルーキーイヤーには最優秀救援投手や新人王を獲得した実績がある方だが、タイトルを独占するような実績をあげていたわけではない。シーズンが開幕してすぐに実感させられることだが、自軍のホークスにも、対戦する相手チームにも、同じようなレベルの猛者《もさ》が何人もいるのだ。

アマ球界でも、トップクラスの投手なら、こちらが手も足も出ないような投球をする時はある。しかし、毎回ではない。あくまで調子の良い日に限ってだ。だから、例えば調子が悪く変化球をうまくコントロールできていない時は、直球に頼る投球をする。そうなれば変化球を捨ててストレートだけを狙って打ち崩していけばいい。アマの時はそういう攻略法ができたが、プロではそのやり方は全く通用しない。

もちろん、プロの投手だって調子の悪い時があるだろう。でも、そういう時は、別の調子の良いプロの投手がマウンドに登るのだ。

この精度の高い投球に適応できなければ、一軍で活躍する道は閉ざされてしまう。そう痛感した。

ワンプレーの重み

三塁の守備位置についている時も、プロのプレーの精度の高さを実感した。アマチュア時代は、ゴロ捕球の際にファンブルしてしまっても落ち着いて処理すれば打者を一塁でアウトにできた。また、捕球後、ボールを握り直すために、ワンステップ踏んでから一塁に送球しても余裕で刺せた。

しかし、プロの世界ではアマチュア時代と同じ感覚で送球すると、アウトかセーフかギリギリのプレーになってしまう。

ダブルプレーの場合も同様で、セカンドへの送球が少しずれてしまうだけで、ゲッツーは成立しない。読者の皆さんの中には、あまりイメージがわかない方もいるかもしれないが、実はプロ野球選手はランナーとしても非常に優秀な選手ばかりなのだ。

プロ野球だからといって、派手なプレーが連発するわけでは決してない。自分が経験したこともないような目新しい練習に取り組んでいるわけでもなかった。

ただプロの選手は、1球1球、ワンプレーワンプレーの重みが違う。僕が「野球人生の中で一度はやったことがある」レベルのプレーや練習メニューを、先輩選手たちは無駄なくはるかに正確な動きでこなしていく。熟練という表現がぴったりかもしれない。

派手さがない分、ルーキーの自分とプロの一軍レベルの選手の違いがはっきりと表れて、圧倒的な技術の差を感じさせられた。

プロは個人主義

3つ目の大きな違いは、「個人主義」だ。亜細亜大時代は、約100名の部員が一丸となって、みんなで励まし合いながら厳しい練習に挑んでいた。しかし、プロの練習にそんなムードはない。どちらかと言えば、ひとりで練習に取り組む感覚が強かった。

新人合同自主トレの時からその印象はあった。その時は参加人数が10名程度と少なかったことで「そんなもんなのかな」と思っていたが、キャンプが始まり、シーズンが開幕しても、その印象は変わらなかった。同じグラウンドで数十名の選手が同時に練習していても、アマチュア時代のような一体感はない。

一人ひとりの選手が、それぞれの課題に対して練習に取り組んでいる。そんな選手たちが、試合ではチームの勝利に向かってまとまって戦う。それがプロ野球選手という集団だ。

勘違いしてほしくないのだが、プロ野球にもチームワークは存在する。練習中にも試合中にも声はかけ合うし、チームメイトに対して仲間という意識もある。ただ同時にライバルであるという意識も強い。

アマチュア時代は自分がどんな立場でチームに携わっていたとしても、チームが優勝すればうれしかった。

しかし、プロでは自分が活躍した上での優勝でなければ素直に喜べない。極端なことを言えば、二軍にいる選手は、一軍の試合の結果などあまり興味はない。むしろ一軍の調子が悪ければ、自分にも出番のチャンスが回ってくるのでは、と思う選手もいるほどだ。

開幕スタメン

3月下旬のシーズン開幕戦は、七番サードで先発起用された。ルーキーで開幕スタメンに名を連ねたのは、チームでは小久保裕紀《こくぼひろき》さん（現・福岡ソフトバンクホークス監督）以来、12年ぶりの出来事だった。さらに僕以降、ホークスでは18年間開幕スタメンルーキーは出ていない。

当時の僕がいかにチームから即戦力として期待されていたかがわかる。チームはちょうど世代交代の時期を迎えていた。編成方針としてサードのポジションを若手選手のレギュラーで固定したかったのだ。

だが、僕はこの期待に応えられなかった。プロの一軍の投手のレベルについていけず、6月15日に二軍行きを命じられた。

交流戦の広島遠征中に伝えられたのだが、一軍で最後に出場した試合で、相手チーム広島東洋カープの先発・黒田博樹《くろだひろき》さん（現・広島東洋カープ球団アドバイザー）にバットを3本も折られてしまった。

その日までに僕が残した成績は、62試合に出場して打率.211、3本塁打、18打点だった。

試合で使い続けてくれたことを感謝すべき数字だ。

成績を残していないにもかかわらず、何の実績もない新人を一軍で起用し続けることは、明確なチーム方針による先行投資に他ならない。

二軍行き

その投資分を何も回収しないまま、王監督に「もう1回やり直してきてほしい」と、二軍行きを命じる決断を下させてしまったのだ。そのことが本当に心苦しかった。即戦力選手という球団やファンの期待を裏切ってしまったことも申し訳なく思った。

それから、これは個人的なことだが、実はカープ戦の次のカードは名古屋での中日ドラゴンズ戦で、地元が近いこともあり、ナゴヤドーム（現・バンテリンドーム　ナゴヤ）で家族や高校時代の知り合いの多くが観戦する予定になっていた。

僕の晴れ姿を見るのを楽しみにしてくれていたのだろうと思うと、急遽《きゅうきょ》予定変更になってしまったことを本当に申し訳なく思ったし、そうさせてしまった自分がふがいなかった。

ただ、同時に心のどこかで、遠からずその日――二軍行きを通達される日――が来るような気もしていた。

春季キャンプのフリーバッティングで三瀬さんと対峙《たいじ》して、プロ野球の一軍レベルと現状の自分の実力が、いかにかけ離れているか痛感させられた。あの時から、その差は勢いや巡り合わせで埋まるようなものではないとうすうす感じていたからだ。

それでも即戦力として期待され、一軍で起用し続けてもらっている限りは、精いっぱいもがき続けなければならなかった。

「高校野球も大学野球も1年生からレギュラーに定着できた。だから、プロでも1年目から活躍できるはずだ」

そんな根拠のない自信で、不安をかき消すのに必死だった。だから二軍行きが決まった時は、「やっぱりな」という思いも強かった。

秋山さんの指導

当時の二軍の本拠地・雁《がん》の巣《す》球場（福岡市東区）で僕を待っていてくれたのは、秋山幸二《あきやまこうじ》・二軍監督（現・野球解説者）だった。秋山さんからは、「今年はもう一軍に上がることはないから。来季以降の飛躍を目指そう」「まずはとにかくバットを振ろう」と言われた。そして打撃フォームの改造を勧められた。

僕のバッティングは、プロ野球の一軍レベルでは技術的に全く通用しなかった。王監督や秋山さんの言葉からもわかる通り、修正してどうにかなるものではなく、根本から立て直す必要があったのだ。

一般的に、野球選手がバッティングフォームを大きく変更することには、かなりの勇気が必要だ。

ご存じの通り、野球はまずピッチャーがボールを投げてプレーがスタートする競技だ。バッターは、その高速のボールに瞬時に対応しなければならない。攻撃と言うが、バッター側は常に受け身なのだ。

頭で正しいバッティングフォームの形、正しい身体の動きを理解しただけでは役に立たない。正しい動きを身体に覚え込ませ、無意識のうちに動けなければ実戦のバッティングで生きてこない。つまり、瞬間的に投球をどうやって捉えるか。これについては感覚の要素が大きくなる。

打ち方を変えることで、その感覚がおかしくなってしまうのではないか、もしくは感覚自体を失ってしまうのではないかという恐怖がある。バッティングフォームを大きく変更することは、それほどリスクがあって覚悟のいるものなのだ。

客観的に見ると、この時の僕は、かなりの窮地に立たされていたと言えるだろう。即戦力と期待されドラフト希望入団枠でプロ入りしたものの、一番のアピールポイントであるバッティングが全く通用せずに二軍行き。その二軍では、バッティングフォームを根本から立て直さなければならない、文字通りゼロからのスタート。

見方によれば、アマチュア時代に築いた実績が崩れ去ってしまったとも言える。周りを見渡せば、自分よりも才能のある選手ばかり。そんな状況でどこに向かってどう進んでいけばいいのか。

心が折れたり、プロ野球選手として大きなつまずきになってしまったりしてもおかしくはなかっただろう。

もちろん、当時の僕にとっても二軍行きはショックな出来事だった。ただ、落ち込むほどではなく、すぐに気持ちを切り替えてがむしゃらに頑張ることができた。それはなぜか？

現在から振り返って気づいたことだが、それは僕自身が子供のころから常に自分より野球の才能のある選手の隣でプレーしてきたからだと思う。

僕は常に自分の一歩前を歩く双子の兄を見ながら野球をやってきた。

「才能に差があるなら、努力して追いつけばいいだけ」

深く悩まず単純にそう思えたのも、兄とともに野球の道を歩んできたからだと思う。

改めて父の教育方針と兄の存在に感謝したい。

バット担ぎ打法

新しいバッティングスタイルを求めて、秋山さんと二人三脚で試行錯誤する二軍での日々が始まった。

ある日、秋山さんから「バットを担ぐように構えてみろ」と提案された。グリップを右耳の横……つまり右肩の上に置き、バットは背中側に大きく傾けて倒すように担ぐ。僕のファンの方ならお気づきだと思うが、これこそ僕が18年間の現役生活で貫き通した、あのバッティングフォーム、「バット担ぎ打法」だ。あのスタイルの原型はこの時に誕生した。

秋山さんによると、僕のバッティングフォームの欠点は、トップ（打つ直前のグリップの位置）から、ボールをインパクトするまでのバットの動きが直線的すぎることにあるという。

わかりやすく、イメージ重視の説明をすると、極端なダウンスイングになってしまっているというわけだ。このフォームだと投球をミートする確率は下がるし、もしバットに当たったとしても、ボールとバットの当たる角度、つまりボールに対するバットの入り方が悪いため、なかなか良い打球が飛んでいかない。

変化球に対してはさらにひどく、特に右投手の投げるスライダーのような外角へ逃げていく変化球に対しては、捉えることすら困難になる。バットを振り下ろしながらボールを追いかけてしまっていたのだから、当たり前の話だ。

ところがバット担ぎ打法では、トップの位置が右耳の横にあるので、そこからいきなりバットを振り下ろすことはできない。その結果、バットがレベルスイング（地面と平行の軌道のスイング）になるというわけである。秋山さんにはこのレベルスイングの感覚を僕に身に付けさせようという狙いがあったのだ。「テニスラケットを使うようなイメージで打て」ともアドバイスされた。

02年、秋山さんは40歳の時に現役を引退された。引退後は数年間の野球解説者生活を経て、05年にホークス二軍監督に就任。僕が出会ったのは指導者2年目の時だった。

僕は秋山さんから主にバッティングについてアドバイスを受けたが、秋山さんの指導法は理論と感覚の両方をバランスよく兼ね備えたタイプだった。

まず、結果が出ないのはなぜか、どのように改良したら良いのかを丁寧に説明してくれる。次にその正しい身体の動きを自分の感覚に落とし込む作業も手伝ってくれた。そして当時の僕にとって何よりありがたかったのが、すべてのプレーに関して自ら手本を示してくれたことだった。

例えば、バット担ぎ打法を習得した時。言葉で説明されれば、バットを構えることはできただろう。ただ、そこからどういうイメージでバットを振り出し、実際にボールをミートすればいいのか。そこは言葉で説明されても、当時の僕にはなかなか理解できなかった領域だと思う。

秋山さんは「ほら！　こうやってやるんだよ」と、実際にバットを担いだ構えから鋭い打球を放つ姿を目の前で見せてくれた。それが僕の中でバット担ぎ打法のバッティング感覚を醸成させる上でどれだけ役に立ったことか。本当に助けられた。

引退からさほど時間がたっておらず、秋山さんはまだ40代半ばと若かったからこそできたことだろうが、まるで高校野球の青年監督のように、選手の先頭に立って練習に参加する姿は本当にかっこよかった。
ロングティーをしていると、「ちょっとバットを貸してみろ」と言って本塁打級の当たりを何本も放つ。走塁練習をしていると、さっと現れて華麗なスライディングを決める。二軍にいるどの選手よりも野球がうまい。その姿は憧れの対象でもあった。

秋山さんは、感覚を鍛える練習の仕方もユニークだった。地下足袋を履いて、下半身の動き、特に足裏全体を使ってグラウンドの土をつかむ感覚を鍛えたこともある。また、サンドバッグをバットでたたいたり、野球のボールよりも当たると衝撃の強いソフトボールを打ったりして、打撃感覚を養うような試みもあった。

秋山さんも指導者としてキャリアをスタートさせたばかりで、いろいろと試行錯誤していた時期だったろうし、僕もルーキーで若く、新しい練習法に興味津々だった。そうやって、僕は秋山さんの指導にどんどんのめり込んでいくのだった。

新打法の効果は二軍の試合ですぐに出始めたが、当初から秋山さんが言っていたように、この年に僕が一軍に上がる機会は訪れなかった。

僕のルーキーイヤーは、18年間のプロ野球人生の中で最初の挫折を味わった年だったが、確かな成長も実感できた1年だった。

成長の年

プロ2年目のシーズン。前年は新人合同自主トレに参加したが、2年目からは自分で練習場所を探さなければいけない。僕はチームの先輩である松中信彦《まつなかのぶひこ》さん（現・日本ハンドボールリーグ理事）のグアムキャンプに参加させてもらうことになった。このグアムのキャンプは、もともと秋山さんが現役時代に主導していたもので、秋山さんの引退後は松中さんが引き継ぐ形で同じ場所でトレーニングを続けていた。

松中組の練習メニューは、とにかくハードのひと言。常夏の島グアムで真っ黒に日焼けしながら、毎日肉体を徹底的にいじめ抜いた。

松中さんの教えは、「俺たちはプロ野球選手の前に、プロのアスリートである」というもの。

野球の技術を磨く前に、まずプロのスポーツ選手としての肉体を築き上げることが重要だという意味だ。僕はこの考え方に共感した。

1月の自主トレの時期は、とにかく身体を鍛え、野球の技術的な練習は2月のキャンプから。松中さんが現役を引退した後は、僕がこの自主トレのリーダーを引き継ぐことになるのだが、その方針はずっと変えなかった。

〝心技体〟という言葉があるが、僕なりに重要な順で記し直すと、〝心体技〟となる。

プロ野球選手として、最も大切なのはやはり心だろう。「勝ちたい」「監督を胴上げしたい」そういう気持ちだ。僕の場合は特に、この心がないとモチベーションを保てない。

2番目は身体だ。身体さえ丈夫で、一生懸命に練習すれば、野球の技術はそれなりについてくる。練習さえ続けられれば、一流とまでは言わないまでも、一人前にはなれるものだ。まさに僕の野球人生そのものを表しているとも言えるだろう。

ただ、これはあくまでも僕や松中さんの考え方である。実は自主トレは、プロ野球選手にとって、他球団の選手と一緒に練習できる限られた時期でもある。例えば自分の憧れる先輩選手が他チームにいて、その先輩から技術を習得したいと考えているのなら、自主トレは絶好のチャンスとなるだろう。もちろんそういうことも否定しない。

ただ僕の経験上、1月を技術習得の時期に充てるのなら、その前の12月の過ごし方が重要になってくる。もし、十分に身体作りのできないままキャンプに入ってしまったら、長いシーズンを戦い抜くのは難しいだろう。

シーズン中、僕らは体力の維持に努めるのであって、試合に出続けながら身体を鍛え直すことなど無理な話だ。せっかく技術を習得しても試合で披露できなければ意味がないので、特に若手選手には、技術も大事だが身体作りも同様に大切であるという点だけは忘れないでほしいと思う。

プロ2年目の07年は、オープン戦で結果が残せず、開幕は二軍で迎えた。一軍のサードを守っていたのは、この年からホークスに復帰した小久保裕紀さんだった。僕の「バット担ぎ打法」は好調で、5月はウエスタン・リーグの打率、本塁打、打点の部門でトップの成績を残していた。

一軍から昇格の声がかかったのは6月に入ってすぐのことだった。最初は主に代走などでの出場だったが、徐々にファーストで先発起用されるようになる。さらに夏場になると、小久保さんのけがの影響を考慮して、ポジションを交換する形で、サードで出場するようになった。

このシーズンの一軍での成績は、74試合出場、打率.254、7本塁打22打点。確実に1年目よりも成長している。わかりやすいように今風の指標を示せば、O

PS（出塁率＋長打率）が.582から.772に跳ね上がっている。

「バット担ぎ打法」は一軍のピッチャー相手にも通用したのだ。

三瀬さんのスライダーにきりきり舞いさせられたあの時の自分は、もうどこにもいない。

僕は、自分のバッティング技術に確かな手ごたえを感じていた。

森脇コーチ

サードのレギュラーに定着するには、バッティングと同時に守備面での成長も求められた。この時期に僕を鍛えてくれたのは、プロローグでも登場した、森脇浩司内野守備走塁コーチだ。僕に「40歳の現役選手」というプロ野球選手としての大目標を与えてくれた恩人のひとりでもある。

森脇さんによると、僕の守備の欠点は力任せで無駄な動きが多いことだという。その無駄な動きが癖になってしまうと、その癖のある動作をしなければフィールディングできないようになってしまうのだ。だから、癖になってしまう前に矯正しなければならない。

森脇さんいわく、「内野守備の名手は、当たり前のゴロを当たり前に処理する。そして、難しい打球も当たり前にさばく」。

一方、僕のように無駄な動きが多いタイプは、大して難しくない打球をまるでファインプレーのような派手な動作でさばいたりする。

力任せでなく、無駄のないシンプルで正確な上半身の動き。なめらかな下半身の足さばき。それが僕の守備に足りないものだった。

森脇さんは、ノックの名手として知られ、さまざまな種類の打球を狙った位置に打つことができた。日本一のノッカーとも呼ばれたほどだ。

そんな森脇さんの指導方法は、長時間にわたるフィールディング練習……、いわゆる千本ノックだった。10球、20球のノックでは疲れを感じないが、さすがに50球を超えるとだんだん疲労感が蓄積される。さらに１００球を超えたころには、フィールディングの動きに変化が訪れる。無駄な動きがなくなっていくのだ。

簡単に言うと、疲れて身体に余計な力が入らず、その結果、無駄な動きをする余裕がなくなるわけである。

２００球を超えた時、森脇さんから「その動きや！」と声がかかる。

森脇さんはそうやって、僕に無駄のない動きの感覚を理解させ、身体に刻み込もうと指導してくれた。

僕は後に三塁手として歴代最多となる8回のゴールデン・グラブ賞を受賞することになるが、タイトルを獲得できたのはすべてこのころに森脇さんが鍛えてくれたおかげだと思う。


ただ、僕と同じ練習法は、現在の若手選手たちに対して、正直あまりお勧めできない。それはあまりにも疲れすぎた状態で練習を続けることが、けがにつながる可能性もあるからだ。また、肉体の限界を突破してしまったら、理想の動きどころかむちゃな動きになってしまう。最後には打球に反応さえできなくなってしまうだろう。

僕は体力だけは自信があった。あの亜細亜大の猛練習を1年生の時から難なくこなしてきた。プロ入り直後には、プロの一軍レベルと自分の技術の隔たりに絶望も味わったが、体力だけは即戦力だったように思う。

そんな僕だからこそ、１００球、２００球とノックを受け続けられたわけで、森脇さんも「よし！　今の動きはいいぞ。忘れるな」という指導ができたのである。

もちろん森脇さんもすべての若手にこんな練習を課していたわけではないだろう。

この特訓は、あくまでも特殊ケースだと思ってほしい。

3年目

「今季こそやってやる！」

そう強い決意で臨んだ08年シーズンは、秋山さんと取り組んだバッティング練習と、森脇さんに鍛えてもらったフィールディング練習の成果が結実したような1年だった。

開幕からサードのレギュラーとして142試合に出場。打率.279、17本塁打、63打点の数字を残した。

まだリーグを代表するほどではないけれど、ひとりのレギュラー選手としてはそれなりの成績だと思う。チームがリーグ最下位と低迷してしまったことは残念だったが、シーズンを通して、ポジションを守り通せたことは大きな自信にもなった。


この年の9月、王監督の退任が発表された。

王さんは06年に胃がんを患っており、体力面の問題が勇退の理由だという。王さんにはプロ1年目に先行投資していただいた。その分を大きな利息を付けて返したかったが、それはかなわなかった。ただ、王さんの監督業の最後に、少しだけでも返すことができたかもしれない。

09年シーズンからは、二軍監督を務めていた秋山さんが一軍の采配を振る。

「また秋山さんと一緒に野球ができる。絶対に秋山さんを胴上げするんだ！」

僕は意気揚々とプロ４年目のシーズンを迎えた。

第4章
若鷹時代

たび重なる骨折。
しかし着実に
チームの中心に
なっていった。

開幕試合

２００９年の福岡ソフトバンクホークスは、秋山幸二監督のもと新体制でスタートを切った。

その前年、プロ３年目でようやくシーズンを通してサードのポジションを守り通せたことで、僕は「プロ野球選手として一人前になりつつある」という自信を得ていた。

「今季は昨シーズンよりもっと打てるようになるだろう。本当の意味でサードのレギュラーの座をつかみ、定着するんだ」

気合もみなぎり、開幕が待ち遠しいほど、充実していた。

秋山ホークスの内野守備陣は、ファーストにキャプテンの小久保裕紀さん、セカンドに同期のポン（本多雄一）、サードに僕で、ショートに川﨑宗則《かわさきむねのり》さん

（現・栃木ゴールデンブレーブス選手兼テクニカルアドバイザー）の4選手。ポンは僕よりひと足先の07年に、一軍セカンドのレギュラーの座をつかんでいた。二軍時代に秋山監督に鍛えてもらった者同士。「絶対に秋山さんを胴上げしよう！」と誓い合った。

その熱い思いが新監督に届いたかどうかは定かでないが、秋山さんは、それまで下位打線を任されることが多かった僕を三番サードで起用してくれた。

「名実ともに、チームの中心選手になれ！」

「お前がチームを引っ張っていくんだ！」

この起用には、秋山さんのそんなメッセージが込められているように感じられた。

迎えた4月3日オリックス・バファローズとの開幕戦（福岡 Yahoo! JAPANドーム、現・みずほPayPayドーム福岡）。ホークスは初回の攻撃から相手先発の小松聖《こまつさとし》さん（現・オリックス・バファローズスカウト）に襲いかかった。

二番の川﨑さんがフォアボールで出塁。三番の僕もライト前ヒットで続き、一死一・三塁のチャンスを作る。ここで四番の松中信彦さんが犠牲フライ。早々に1点を先制した。

チームも僕もノリノリだ。だが、ここでまさかの落とし穴が待っていようとは……。

一塁にランナーとして残った僕は、盗塁のチャンスをうかがった。既にツーアウトで、打席には強打者の五番小久保さん。バッテリーとしては打者に集中したい場面だろう。

そう読んだ僕がギャンブル気味にスタートを切ろうとした瞬間、小松さんから鋭いけん制球が飛んできた。逆を突かれた僕は慌てて一塁ベースへ滑り込むように戻り、右手を伸ばしたが、惜しくもアウト。しかも、タッチプレーの際に、相手選手のファーストミットとベースの間に右手を挟まれ、痛めてしまう。

肩を落としてベンチに戻ったが、右手の痛みはなかなか引かない。当時の僕は、走塁手袋も使用しておらず、素手でプレーしていた。痛めた箇所はどんどん腫れ上がっていく。途中交代を言い渡され、試合終了を待たずに僕は病院へ直行した。

診断結果は右手甲の骨折で、全治8週間だった。骨折自体が人生初めての経験で、動揺もしていたのだろう。診断結果を聞いて、僕は目の前が真っ暗になった。

気合をみなぎらせて臨んだシーズン開幕戦で負傷交代。しかも全治8週間。いきなりつまずいてしまったことは大きなショックだったが、何よりも秋山新監督への申し訳なさが先に立った。

苦しいルーキー時代を支えてくれた恩師が、初めて一軍の指揮を執《と》る大切なシーズン。しかもクリーンナップで起用してくれたというのに……。その期待を裏切ってしまった。

治療とリハビリを経て、再び一軍の舞台に戻ってこられたのは6月に入ってからだった。

ところがアクシデントは続く。7月の千葉ロッテマリーンズ戦で死球を受け、今度は右手首を骨折してしまったのだ。

1度目の骨折もショックだったが、2度目はそれに輪をかけて落ち込んだ。野球へのモチベーションが下がるとか、心が折れるとかといった感情ではない。なんで、こんな時に、こんな目に……。

込み上げてきたのは、焦りやいら立ちが混じった焦燥感だった。

プロ野球の世界に入って、3年かけて、ようやく打撃や守備のコツらしきものをつかみかけてきたタイミングだった。それなのに、けがで試合に出場できないなんて……。


練習をすればするだけ、試合に出場して経験を積めば積むだけ、プロ野球選手として大きく成長できる時期だっただろう。それがわかっているだけに、余計にもどかしかった。

「今の俺に休む暇なんてないねん！」

そう叫びたい気分だった。

例えば肉離れのような筋肉系のけがなら、治療方法やリハビリのやり方で治り具合が早まることもある。ところが骨折の場合はそうはいかない。1度目の骨折の時、小魚を食べたり、カルシウムのサプリメントを飲んだり、酸素カプセルを使用したりもしたが、目に見える効果は得られなかった。医者が全治8週間と言えば、治るまでに8週間の時間を要するのだ。

僕は18年間のプロ野球選手生活で合計5度の骨折を経験した。前述の09年の2回の骨折の他に、10年に左手有鉤骨《ゆうこうこつ》を骨折。12年にもデッドボールで右手を骨折。14年には練習中のノックで右手人さし指を骨折。すべて全力プレーの結果なので後悔はない。ただ、当たり前だが、けがをしないに越したことはない。

現在から振り返ると、波に乗りかけたところでのつまずきという意味で、09年、10年にかけての3度の骨折が特にもったいなかったと思う。

死球対策

もったいないというのは骨折に限ったことではない。打席でのデッドボールによるけがも、もっと減らせたのではないか、という思いがある。

ただ、僕のバッティングスタイルは、打席で投球をよけるのにあまり適しているとは言えなかった。

僕はバッティングに関しては、タイミングを第一に考えている。そして、そのタイミングに合わせて、軸足となる右足に重心を移し、その反動を使ってバットを振っていくスタイルだ。

さらに感覚的な話をすると、自分から身体全体で投球に対して向かっていくようなイメージだ。僕とは反対に、ボールを自分に引きつけてスイングする感覚の打者に比べると、身体に当たりそうなボールに対する反応がどうしても一瞬遅れてしまう。

若手のころは特に、「反動を使ってボールを遠くに飛ばそう」という気持ちが強かったので、「ボールをよける」ところまで意識が回らなかった。このためにデッドボールが多かったのかもしれない。

そこでデッドボール対策として、10年、11年ごろから打席での足の位置を、ホームベースよりもう5センチほど離れたところに置くように修正した。その位置に立てば、多少内角側にコースが外れた投球でも、身体にぶつかることは少なくなると考えたのだ。

この対策にどれほどの効果があったかは、僕自身もよくわからない。「投球に向かっていく」というスタイルは変えられなかったし、実際12年にもデッドボールで骨折しているので、何とも言えない。

副産物

ただ、打席の足の位置の修正は、デッドボール対策という本来の目的とは別のところで、思わぬ副産物をもたらした。

ホームベースから離れて立つことで、外角のコースをより遠くに感じるようになったし、コースがよく見えるようになった。その結果、アウトコースのボール球に手を出さなくなったのだ。

先ほども述べたように、僕のバッティングスタイルは、とにかくタイミングが第一。だから、タイミングさえバッチリ合ったら、バットが届くと思えば、多少ボール気味の球でもスイングしてしまっていた。

そしてそのアウトコースのボールを追いかけていく時に、ストライクゾーンからボールゾーンへ動く変化球にも手を出してしまうというのが、僕が三振になるお決まりのパターンだった。

ところが、ホームベースから離れて立つことで、苦手としていたアウトコースの見極めが、少しずつできるようになってきたのだ。

この副産物の効果はすぐに表れたわけではないが、11年ごろからフォアボールやヒットの数が増えていったことからも、少なからず好影響があったのではないかと思っている。

2011年の優勝

骨折に苦しめられた09年、10年の2年間を経て、ようやく自分でも納得できるシーズンを送れたのが11年だ。

プロ入りして初めて144試合全イニング出場を達成。ちなみにこの年はサード・僕、ショート・川﨑さん、セカンド・ポン（本多）の3人がフルイニング出場を果たした。

個人成績も打率.282、25本塁打、83打点と、この時点で自己最高の内容だった。また初のゴールデン・グラブ賞も獲得した。

チームもレギュラーシーズンで優勝し、CS（クライマックスシリーズ）も順調に勝ち進んだ。

そして、日本シリーズでは中日ドラゴンズを倒して日本一にも輝いたのだ！

恩師の秋山監督を日本シリーズで胴上げできた！

それはどれほどうれしかったことか。
ルーキーの年に開幕スタメンを果たしたけれども、すぐに二軍落ち。そして二軍監督だった秋山さんが文字通り、手取り足取りバッティングを教えてくれた。
秋山さんが一軍の監督になった09年、けがで棒に振ってしまった。あの開幕戦のけがの時、僕も悔しかったけれども、誰よりもベンチの秋山さんがショックを受けていた。本当に申し訳なかったと思う。そんなさまざまなことが思い出された。

亜細亜大学時代にも日本一になった経験があるが、プロ野球での日本一はまた格別の喜びだった。二軍落ちや骨折を乗り越えてレギュラーの座をつかみ、シーズンの全イニングを戦い抜いた末の結果なのだ。

現行のプレーオフ制度（07年からCS制度）は、パ・リーグでは04年から始まったが、この短期決戦のトーナメントは、ホークスにとってまさに鬼門だった。

11年までのホークスのプレーオフでの成績を見てみよう。

2004年　シーズン優勝　第2ステージ敗退
2005年　シーズン優勝　第2ステージ敗退
2006年　シーズン3位　第2ステージ敗退
2007年　シーズン3位　第1ステージ敗退
2008年　出場なし
2009年　シーズン3位　第1ステージ敗退
2010年　シーズン優勝　ファイナルステージ敗退
2011年　シーズン優勝　ファイナルステージ突破（日本シリーズ優勝）

まさに暗黒の歴史と言っていい。僕が入団したころには既にプレーオフに対する苦手意識のようなものがチームにはあったし、「ホークスは短期決戦に弱い」という評判も立っていた。

ホークスがなぜ短期決戦に弱かったのか。それはやっている僕ら選手にもわからない。

ただ、いったん「苦手」と思ってしまうと、その意識を振り払うのはなかなか難しい。意識すればするほど、レギュラーシーズン中は打てていたボールでさえ、捉えられなくなる。まさに泥沼にはまっていく感じだった。

安打製造機・内川聖一さん

11年の優勝は、そんな呪縛を打ち破って日本一の座にまで上り詰めたのだから、本当に意味のあるものだったと思う。

この年のチームがCSを突破できた要因とは何か……。僕は、このシーズンに横浜DeNAベイスターズより移籍してきた内川聖一《うちかわせいいち》さん（現・野球解説者）の存在が、かなり大きかったと思っている。

ＦＡ（フリーエージェント）で加入した内川さんのイメージは〝勝負師〟だ。とにかくヒットを打つことが抜群にうまく、レギュラーシーズンだろうと、ＣＳだろうと関係なく、スコアボードに〝Ｈ（ヒット）〟の文字をともらせまくる。ピッチャーと対峙し、その勝負にことごとく勝っていくイメージ。文字通り安打製造機だった。

内川さんとは、後に家族ぐるみの付き合いをするほど仲良くなるのだが、本当に気さくな性格の方で、それもあっていち早くチームに溶け込めたのだと思う。

内川さんとは打撃について議論したこともある。とても参考になった点もあるが、正直に言ってバッティングスタイルの違う僕には、言っていることの半分程度しかわからなかった。

いや、正確に言えば、内川さんの打撃理論を頭では理解できる。ただ、自分の感覚に落とし込むのが難しいという意味での、「半分程度しかわからない」

だ。
内川さんは本当にヒットを打つ天才だと思う。いい当たりがヒットになるのは当然のこと。だが、内川さんの場合、アウトコースのボールを引っ掛けてゴロになっても、その打球が三遊間を抜けていく。内角球に詰まっても、ふらふらとした打球がセカンドとライトとの間あたりにポトリと落ちる。

野球ファンの方なら「確信歩き」という言葉を聞いたことがあるだろう。念のため、ご存じでない方のために説明すると、バッターが会心の当たりをした時に、ホームランを確信して、一塁へ走り出さずにゆっくりと歩いて向かうことを指す。

プロのバッターならすべての選手がその最高の打撃の感覚を経験したことがあるはずで、そのような当たりを放った時、確信歩きをするのである。

内川さんのすごいところは、そういうバットがボールに当たった瞬間の打撃の感覚を何種類も持っていることだ。つまり、どれくらいの引っ掛かり具合のゴロなら三遊間の方向に転がっていくとか、どれくらいの詰まり具合の打球なら外野の前に落ちるといった感覚を身に付けているのだ。

その感覚があるから、ボールをインパクトする時、瞬間的にほんの少しだけバットを押し込んだり、逆に力を抜いたりして、ヒットゾーンに飛ぶように調整しているのだろう。

これは内川さん本人に確認したわけではないので、僕の推論だが、何度か打撃論を交わした経験から言って当たらずとも遠からずではないかと思う。

僕ら一般的なバッターには、単純に「引っ掛けた」「詰まった」くらいの感覚しかない。だから、引っ掛けすぎればサードゴロになってしまうし、たまたま三遊間に飛べばヒットになる。運が良ければ打球がセカンドの頭を越えるし、運が悪ければライトにキャッチされてしまう。

プロの世界でも多くのバッターは、このレベルの感覚しか持ち合わせていないはずだ。

さらに輪をかけた推論だが、現役時代のイチローさん（現・シアトル・マリナーズ会長付特別補佐兼インストラクター）も内川さんと同じような感覚を身に付けていたのではないだろうか。イチローさんはインタビューなどでよく「わざと打球を詰まらせる」と表現していた。この表現は、おそらくインパクトの瞬間における力の増減を指していたのだと思う。

内川さんとイチローさんの打撃感覚の種類が同じだなどと断定はできないが、いずれにしろ天才の領域の話である。僕ら一般的なバッターが、ちょっと努力して届くような話ではない。絶対にまねのできない世界だし、はっきり言ってまねする気にすらならない。内川さんと打撃論を交わして、僕が「半分程度しかわからない」と言った意味をわかっていただけるだろうか。

以下は余談になる。逆に僕と打撃感覚が似たタイプと言えば、ホークスではギータ（柳《やなぎ》田《た》悠《ゆう》岐《き》）の名前が上がるだろう。

バッティングフォームなど見た目は違うように映るかもしれないが、タイミングや投手との間合いに重きを置く点や、身体全体で投球を捉えにいく感覚は共通していると思う。

彼がすごいのは、選球眼が良いところ。僕はタイミングが合えば、多少ボール気味の投球に対しても「打てる」という感覚がある限りスイングする。しかし、ギータの場合、ボールコースの球に対してはぴたりとバットが止まるのだ。

そのあたりが打撃タイトルを獲得する選手と、僕のように手の届かなかったバッターとの差なのかもしれない。

話を元に戻そう。そんな内川さんや、アレックス・カブレラも加入した11年のホークスは、本当に強いチームだった。

選手は皆明るくて元気がある一方、厳しさという面では規律もあった。選手一人ひとりが独立したプロフェッショナルでありながら、チームワークも抜群だった。

川﨑さんに託されたこと

ただ、どんなに強いチームでも、チームはそのシーズン限りの存在だ。毎年メンバーが変化していくから、より強いチームを目指せるのだし、チームの変化がプロ野球の魅力にもつながっている。

ホークスにも大きな変化があり、11年のオフには多くの選手がチームを去った。まず投手陣では、杉内俊哉《すぎうちとしや》さん（現・読売ジャイアンツ投手チーフコーチ）とデニス・ホールトンが読売ジャイアンツに移籍。和田毅さんも海外FA権を行使してMLB（メジャーリーグ）のボルチモア・オリオールズと契約した。

野手では、ショートを守るチームリーダー川﨑宗則さんがMLBへ挑戦するため海を渡った。川﨑さんは盛り上げ役として、チームの中心的存在だった。試合中はもちろん練習中から常に声を出し、チームメイトたちを元気づけていく。ホークスを去る川﨑さんから僕は、その盛り上げ役を引き継ぐことを託された。

11年シーズンの終盤のこと。遠征先のホテルで川崎さんの部屋に呼び出された。

「マッチは俺がどうやってチームを盛り上げてきたか理解してるよね。後は任せた。俺は来年からメジャーに行くから」

ホークスには野手の中心選手が声を出してチームを盛り上げるという伝統があり、川崎さんの前は小久保さんがその役を担っていた。いきなり後継者に指名されたわけだが、正直、少し戸惑った。

プロの世界で僕が声を出すことの大切さを意識しだしたのは、入団4年目くらいからだ。

一軍に定着するようになり、元気印の川崎さんと一緒に練習すると、触発されて自然と自分も元気になった。野球をより楽しく感じられるようになったのだ。それからは、川崎さんの声を聞くだけでなく、反応したり、続けて声を出したりして、盛り上げ役をサポートするようになった。そんな僕の姿を見て、川崎さんは後継者に指名してくれたのだろう。

ただ、正確に言うと僕の声出しは、「チームを盛り上げる」という意識には欠けていた。主に自分を盛り上げるための声出しだったのだ。

声を出して練習すれば前向きに取り組める。元気よく試合に臨めば積極的なプレーができる。よく野手の能力を走攻守で表すが、僕はそれに元気を加えた「走攻守＋元気」をモットーに掲げてきた。

走攻守が食材だとすれば、元気は調味料やスパイスのようなもので、振りかければ食材のうま味が増す。元気があれば、走攻守それぞれの〝能力値〟が上がるといったイメージだ。

果たして、自分のために自分自身を盛り上げていた僕に、チームを盛り上げるという大役が務まるのだろうか。

川崎さんに後継者に指名された11年シーズンの終盤以降、僕は常に「チームを盛り上げるためにはどうすればよいのか」という視点を持つようになった。チームを盛り上げるために、自分にできることは何だろう……。

練習する時には、一番先にグラウンドに出るようにしよう。

(ただ、それだけだとちょっと弱いなあ)

チームメイトに積極的に声をかけるようにしよう。

(でも、どんな話をしたらいいのか……)

試合後のお立ち台でヒーローインタビューを受けた際には、「1、2、3、マッチ！」と叫んで締めるようにもなった。いろいろと工夫をしながら、自分なりの盛り上げ役のスタイルを模索した。

そうして悩んだ結果、たどり着いた結論というか、元に戻った答えが、声出しによる盛り上げだった。

「熱男」の誕生

僕にできるのは声を出すことだけだと気づいた。それならば、どんな時も声を出し続けよう。チームが負けていようと、自分が打てなかろうと、エラーをしようと、そんなことは一切関係なく、声を出し続ける。そう決心した。

試合前にベンチの前で組む円陣なら、その時々のチーム状況に合わせた話を前もって準備することもできる。だが、試合中にそうポンポンと気の利いた言葉が思い浮かぶわけがない。そういう時はどうするか？　ただチームメイトの名前を呼ぶのである。

ヒットが出たら、塁上のチームメイトの名前を呼ぶ。それも大声で叫ぶ。ヒットが出なくてもベンチにいる誰かの名前を呼ぶ。もちろん意味なんてない。ただ名前を呼ばれた選手は一瞬きょとんとした顔をするが、すぐに笑顔になる。その笑顔が出てくれればいいのだ。

そうやって名前呼びを続けていくと、だんだんベンチ全体が笑顔になっていく。そしてその笑顔がチームの勢いを作る原動力となるのだ。

「ひとりの選手として一流になる」というプロ野球の世界で僕が目指してきた目標に、「チームを勝たせる」という新しい目標が加わった。

もちろん、すべての選手はチームの勝利のためにプレーをしている。ただその一方で、プロ野球が個人主義の世界であることも事実である。そんな中、僕はだんだん「チームが勝利するからこそ個人成績にも意味がある」とまで考えるようになっていく。

そのタイミングで、生涯手放すことのない素晴らしい言葉に出会った。

15年のホークスのチームスローガン——「熱男（アツオ）」だ。

最初に聞いた時は「なんだろうな」と思った記憶がある。

だけど、チームスローガンだからそれを広めようと思い立ち、ホームランを打った後に「熱男ー！」と叫んでみたら、非常にしっくりきた。

ファンの方も僕の声に合わせて「熱男ー！」と叫んでくれる。「熱い心で、チームを盛り上げる」と考えている自分に合っているんじゃないか、いや、それどころか、僕のための言葉だとも思った。ホークスファンの皆さんの気持ちも、僕と同じだったようだ。僕自身が、熱男と呼ばれるまでそれほど時間はかからなかった。

こうして熱男・松田宣浩が誕生した。

このことについては後の章でも詳しく述べてみたい。

第5章
熱男!

レギュラーに定着した元気印は
活躍を続けた。
しかし、コロナ禍で何かが
変わっていった。

熱男の覚悟

プロ野球選手としてプレーしていて、一番うれしい時はいつか？

そう聞かれたら僕は、「本拠地球場でホームランを打った時」と答えるだろう。

会心の当たりをドーム球場のスタンドに放り込み、ダイヤモンドを一周した後、ベンチ前で出迎えてくれたチームメイトたちとハイタッチ。そして右拳で大きくアッパーカットを打つポーズを決めながら、満員のスタンドに向かって「熱男ー！」と叫ぶ。ファンの皆さんも僕の声に合わせて、同じく「熱男ー！」とコールする。

チームメイト、そしてファンが一体となって喜んでくれるあの瞬間。

ああ、俺はこの瞬間のために野球をやっているんだな……。

大げさでなく、本当にそう感じていた。

僕は「熱男」という言葉に出会って、ますますチームの盛り上げ役としての自分の役割にプライドを持ち、重きを置くようになっていった。

前章でも少し触れたが、盛り上げ役を務めるのには覚悟が必要である。盛り上げ役は常に役に徹し切る、つまり、僕の場合は熱男でい続けなければならないのだ。

スランプからの脱出

自分が活躍した時だけ、ちょっとチームを鼓舞することは、どんな選手にもできるだろう。でも「熱男」は、チームが勝った時も負けた時も、自分が活躍した時もそうでない時も、常に声を出し続けなければならない。そうしなければ意味がないからだ。

だから例えば、スランプが長引き、自分がチャンスで打てなかったためにチームが連敗してしまった時や、自分のタイムリーエラーで勝ち試合を落としてしまった時などは、本当につらい思いをすることになる。

何しろ敗因の筆頭で、本来なら落ち込む姿がよく似合うはずの選手が、一番元気に声を出しているのだから、見方によってはその様子はとても滑稽な光景に映ってしまいかねない。〝空気を読めないやつ〟と思われるわけである。

また、場合によっては、「いやいや、お前が打たないから点が入らないんだけど」「あのエラーがあったから負けたんだよ」といった冷めた空気をチーム内に作りかねない。

実際にそんなことを口にするチームメイトや首脳陣は、当時のホークスにはいなかったけれど、そう思われても仕方がないような状況であることは確かだ。

当然、僕だって試合で打てなかったりミスをしたりした後は、人並みに落ち込む。その気持ちをどうやって、「空気を読めないと思われたって恥ずかしくない」と勇気を振り絞るレベルまで盛り上げるのか……。

そこは頭を切り替えるしかない。僕の場合は嫌なことを忘れるようにして、気分をリセットしている。

プロ野球のレギュラーシーズンは、基本的に、火曜日~木曜日の同一チーム相手の3連戦、金曜日~日曜日のまた別のチームとの3連戦、月曜日は試合なし、というサイクルで進んでいく。そのオフの月曜日を利用して嫌なことを忘れてしまうのだ。

忘れるための最適な方法は睡眠だ。これは僕だけかもしれないが、ひと晩寝れば大抵のことを忘れられる。

シーズン中、僕はあまりアルコールを口にしない。夕飯の時に晩酌として、ビールをコップ1杯飲む程度だ。ただ、翌日がオフになる日曜日の夜はアルコールを完全に解禁する。解禁するといっても、酩酊《めいてい》するまで浴びるように飲むわけではないが、その夜に限っては、酔う程度に酒を楽しむ。日曜日はデーゲームのことが多い。時間的な余裕もあるので、早めにベッドインする。

オフの月曜日は、野球に関することは一切頭に入れない。午前中はひとりで映画館へ行く。実は学生時代から映画鑑賞が好きで、時間があれば、ひとりで映画館へ足を運んでいた。どのジャンルの映画が好きだというこだわりは特になく、ジャンルを問わず、満遍なく鑑賞するというスタイルだ。基本的にはその時にはやっている作品を観ることが多い。

午後はサウナでリフレッシュ。ちなみに現役を引退した現在は、このふたつにゴルフの打ちっぱなしを加えた3点セットが休みの過ごし方のベストチョイスだ。この3つがそろっていれば、もう何も言うことはない。

現役の時に話を戻そう。月曜日の夜は日曜日のように多くは飲まず、通常通りビールをコップ1杯だけ飲んで、早めに就寝。こうやって、その1週間にあった嫌なことを眠っているうちに忘れてしまうのだ。

先ほど僕は大抵のことは寝て忘れられると述べたが、頭から離れないような嫌な出来事があった場合、例えば、自分のミスでチームが負けた時などは、ひと晩寝ただけでは完全にリフレッシュできないこともある。翌朝起きても前日の嫌な思いが心に残り続け、再び落ち込んでしまう。しかしふた晩寝れば、大抵のことは忘れられた。

嫌なことを上手に忘れるためのコツは、良いことも一緒に頭の中から葬ってしまうことだ。嫌なことだけ忘れられれば良いのだが、なかなかそう都合よくはいかない。だから、嫌な思いを消し去るのではなく、頭の中、心の中を空っぽにすることを意識したほうがうまくいくと思う。

僕は現役時代、そうやって１週間ごとに頭と心をリフレッシュさせ、いつも元気な熱男のキャラクターを保ってきた。

反省はその日のうちに

ただ、断っておきたいのは、忘れる作業は、頭や心のリフレッシュのための方法であるということ。当然、自分がミスしてしまったプレーの内容に関しては、野球の技術の観点から反省しておかなければならない。

僕は、試合中のプレーの反省は、その日のうちに終わらせていた。ホークス時代、ホームの球場での試合後は、ロッカールーム側にある資料室（モニタールーム）へ直行。ドームにはテレビ中継用以外に何台ものカメラが設置されていて、選手が試合を映像で振り返って確認できる設備が整っている。ホームベース付近に関しては、一塁側からと三塁側からの映像があり、僕は毎試合後、まずその日の自分のすべての打席をチェックする。そこで試合中の自分の感覚と客観的な視点からのプレー内容とのすり合わせを行うのだ。

例えば、打球を詰まらされて打ち取られてしまった時、自分ではほんの少しだけ詰まらされたと感じていても、映像で確認してみると、投球にかなり差し込まれてミートポイントがキャッチャー寄りになってしまっている場合がある。逆に完全に詰まらされたと思っていても、タイミング的にはほんの少し遅れただけで、単純にボールの捉え方が悪かっただけの場合もある。

そうやって、その試合のプレーはその日のうちにチェックして、「次はもう少しタイミングを早めよう」とか「もっとじっくりボールを見ていこう」とかという反省をするのだ。

ちなみに、この反省も、1週間に1度のリセットタイムですべて忘れるようにしている。それが僕のやり方だ。

声を出すということ

選手生活の終盤、メディアからよく「熱男の後継者になれるような若手はいますか?」と質問され、僕はそのたびに答えに窮《きゅう》していた。

ホークスを退団することになる2022年のシーズン。僕は、最後の1か月間をファーム施設のある筑後で過ごしたので、二軍選手とともにプレーしたが、残念ながら、当時の二軍に「熱男」を継げるようなタイプの若手は見当たらなかった。そもそも「熱男」のようなチームの盛り上げ役は、若手に務まるような役割ではないのだ。

よくベテラン選手がベンチで若手に「声を出せ」と指示するという話を耳にするが、そんなことではチームの雰囲気は変わらない。やはり、主力が先陣を切って声を出してこそ、チームが盛り上がるのだ。

だから、もしまだレギュラーの座をつかんでいない元気な若手がいたら、僕がやったような、チームのために声を張り上げるのではなく、自分のために声を出すことをお勧めしたい。レギュラーとして一人前になる前に、チームを盛り上げるという意識を持つ必要はないと思う。

走・攻・守・元気。この4つがそろえばチームに不可欠な選手になれる。「元気」を武器にして、自分を盛り上げることに集中してほしいと思う。

ただ、これはあくまでも前述のようなレギュラーのポジションをつかんでいない元気タイプの若手に対するアドバイスだ。プロ野球界にはいろいろな性格の選手がいるわけで、正解はひとつではない。

僕や川﨑さんのような、元気を前面に出してプレーするタイプもいれば、常に冷静に落ち着いてプレーするタイプもいる。ホークスで僕と比較的年齢が近い、落ち着いたタイプの代表格と言えば、長谷川勇也《はせがわゆうや》（現・福岡ソフトバンクホークスR＆Dスタッフ）と今も現役で頑張っている中村晃《なかむらあきら》だろう。ふたりとも普段から黙々とプレーすることが多い。そして、ここぞという場面で期待された仕事をきっちりとこなす職人タイプだ。

常に落ち着いてプレーし、感情を表に出さないからといって、彼らにチームの勝利に対する情熱がないわけではない。むしろ僕らよりも熱い、青い炎を心に宿しているに違いない。その火種をここぞという場面で燃え上がらせるのだ。

野球に対して、そしてチームの勝利に対してどれだけ熱い思いを抱いているか。そしてそれをどう結果に結びつけるか。そこにプロ野球選手としての本質があるので、それを表に出すかどうかは選手によって違っていて良いと思う。

チームの盛り上げ役に関しても同様のことが言えるだろう。2000年代のホークスでは、主力の選手が率先して声を出し、チームをまとめ上げる役割を担ってきた。僕が入団する以前は小久保裕紀さんがその役を務め、その後は川﨑宗則さんが引き継いだ。そして、川﨑さんが海を渡った11年のオフに、僕がバトンを受け取った。

そういう伝統があるのも確かだが、必ずしも同じスタイルを継続する必要はないと思う。チームがひとつにまとまることは大切だが、その時々のチームの状況やメンバーに応じてまとまれば良いのである。

盛り上げ役をひとりで担うのが大変ならば、2、3人の主力で分担すれば良い。勇也や晃のような落ち着きがあるタイプの選手が多い成熟したチームならば、必要最低限の声出しだけで済む場合もあるだろう。

団結力の強さ

そして声の出し方にも、いろいろなスタイルがある。僕と川崎さんは「明るく、元気に」という同じタイプだけれど、小久保さんは少し違う。叱咤《しった》を含んだ声出しで、チームに規律を作り、まとめ上げるのだ。やり方はひとつではない。大切なのは「チームが勝利のためにまとまる」という結果だ。

ただ、さまざまなチームの盛り上げ方のスタイルがある中で、僕や川崎さんのようなやり方には、わかりやすいという長所がある。

勇也や晃のように、熱い心を内に秘めて、それを必要な時に出せるようなコントロールができれば良いが、実際はそんな選手ばかりではない。特に若手はその傾向が強いと思う。

僕や川崎さんのような「明るく、元気に」という盛り上げ方は、そういう中途半端な状態の選手も巻き込む強みがある。最もお手軽で簡単な方法と言ってもいいだろう。だからこそ、価値があると思っている。

「松田選手は24時間、熱男なのですか？」

これは、メディアではなく、現役時代のオフに開催されていたトークショーなどで、ファンの方からいただくことが多かった質問だ。

ここまで本書を読んでくださった方ならおわかりだと思うが、僕個人の性格の本質的なところは、熱男とは少しだけ離れている。幼少期はリードしてもらうことが多かったし、ホークスに入団してからの数年間は、むしろ「熱男」とは正反対のタイプだった。

では全くの別人格で、「熱男」というキャラクターを演じていただけなのかと言えば、それは間違いだ。

明確なオンとオフのスイッチが存在するわけでもない。僕自身の中では、「熱男」のボリュームのつまみがあり、状況に応じて調節する感覚と言えるかもしれない。だから、引退した現在も、僕の中に「熱男」は生き続けている。

僕がなぜそこまでチームのまとまりにこだわるのかと言えば、それがチーム力に大きく関係するからだ。個人成績に優れたホームランバッターばかりを集めただけでは、決して強いチームは作れない。強いチームは必ず数字には表れないような見えない力を有しているものであり、そのうちのひとつがチームの結束力なのだ。

ホークスは2000年代からは、毎年のようにパ・リーグの上位争いを演じる強豪チームに成長した。2010年代にはその地位を盤石なものにしたと言えるだろう。強いチームが出来上がったのは、チーム編成として良い選手を集め、その選手たちが努力をして成長した結果だ。ただその他にも、当時のホークスは見えない力を有していた。

例えば、高校野球の名門校が有する伝統の力。オーラと表現されることもある。実力は拮抗していても、新興のチームが負けることが多いのはこういう力、雰囲気に飲み込まれてしまうからだ。そういう見えない力は、当然プロ野球の世界にもあって、それは作り出せるものだと僕は思っている。

手前味噌になるが、そういう意味では僕が盛り上げ役を務めていた12年から22年までのホークスは、例外はあるにせよ、強いチームだったと言えるだろう。参考までに、当時のチーム成績を簡単に振り返ってみたい。

２０１２年　シーズン３位
２０１３年　シーズン４位
２０１４年　シーズン１位　日本シリーズ優勝
２０１５年　シーズン１位　日本シリーズ優勝
２０１６年　シーズン２位
２０１７年　シーズン１位　日本シリーズ優勝
２０１８年　シーズン２位　日本シリーズ優勝
２０１９年　シーズン２位　日本シリーズ優勝

２０２０年　シーズン１位　日本シリーズ優勝
２０２１年　シーズン４位
２０２２年　シーズン２位

特に14年から20年あたりは本当に充実したチームだった。当時の主な内野陣の顔ぶれは、ファーストが内川聖一さん、セカンドにポン（本多雄一）、サードに僕がいて、ショートは今宮健太《いまみやけんた》。僕以外にも積極的に声を出すタイプがそろっていて、とても心強かった。

守りながらも攻める

当時は試合中に守備位置についていても、「守り」の意識では全くなかった。ピッチャーをバックアップするように声を出し、相手チームのバッターに向かって攻撃しているような気持ちが強かった。

ストライク先行でどんどん攻めろ！

どんな打球が来てもさばいてやる！

内野陣の誰もがそう思っていて、大げさではなく、ホークスの内野陣でスタジアムのダイヤモンドを支配しているような雰囲気を作り上げていた。こうしたムードは相手チームにも伝わっていたに違いない。

現役時代、僕は幸運にも7度の日本一を経験している。もちろんすべての優勝、勝利に関して「自分がチームを盛り上げたから」などと言うつもりはない。ただその一部分については、個人成績以外の面でも貢献できたのではないかと自負している。

そういう意味で日本シリーズを7度制覇したことは、僕のプロ野球選手としての経歴の中で、誇れるもののひとつと言えるだろう。

この時期で特に心に残っているのは、やはりオリックス・バファローズと激闘を繰り広げた14年のシーズンだ。

ホークスにとってレギュラーシーズン最終戦での直接対決。しかもホークスが勝てば優勝、負ければオリックスにも優勝の可能性が残るという大一番。1対1で迎えた延長十回裏、僕は比嘉幹貴《ひがもとき》投手（24年シーズン限りで引退）からサヨナラヒットを放ち、チームのリーグ優勝を手繰り寄せたのだ。

ちなみに引退する直前まで、この一戦が僕の心に残る試合ランキングの第1位に輝いていた。最終的には引退試合が第1位になるが、それでも生涯忘れられない試合であることに変わりはない。優勝を決めた瞬間の興奮は今でも鮮明に覚えているし、サヨナラヒットを放った時の感触も両手に残っている。

15年のオフには、野球の国際大会である第1回WBSCプレミア12が開催され、僕は侍ジャパンのメンバーに選出された。プロになってから、初めての代表チーム入りだ！　当時、侍ジャパンの監督を務めていた小久保裕紀さんが、チーム編成をする上で、真っ先に僕の名前を挙げてくれたという話を聞いた時は素直にうれしかった。打って守って走ってのプレー面だけでなく、盛り上げ役としての期待も込められた選出であることは明らかだ。僕のやり方は間違っていなかったんだ……。熱男としての自分を評価してもらえたことは自信になった。

その大会期間中に僕は、シーズン途中で取得した海外ＦＡ権を行使すると公表した。熟慮した後、ＭＬＢの球団に当たってみることにしたのだ。

ＭＬＢは野球の技術的に世界最高峰のリーグと言っていいだろう。ひとりのプレーヤーとして、そのリーグで繰り広げられているベースボールを体験してみたいと思った。メジャー球団の評価を聞いてみたいという気持ちもあった。

ただ僕は、子供のころからメジャーリーグでプレーすることに憧れていたわけではなく、メジャーリーガーになることを夢に描いていたタイプではない。メジャー移籍も視野に入れつつ、日本球界で現役を続ける場合はホークスでやると決めて、交渉を進めた。

誓い

メジャー契約でオファーしてくれるＭＬＢ球団もあったが、ホークスが提示してくれた契約内容は、それをはるかにしのぐ好条件だった。金銭面だけではない。交渉期間中、王貞治ホークス会長からは何度も電話をいただいた。そしてそのたびに「来年以降も君と一緒に野球ができると信じているよ」と声をかけてくださった。

それらの条件・状況を総合的に判断して、僕は16年からもホークスにお世話になることを決めた。

自分のやりたい野球は、必ずしもＭＬＢが舞台でなくとも実現できる。自分のやりたい野球は、ホームランを打って、スタンドのファンと一緒に声をそろえて「熱男ー！」と叫ぶ、あの野球のことだ。球場全体が一体になって熱くなる瞬間。その瞬間を作り出すのが僕の目指す野球だと、改めて確認できた。

ホークスとは4年間の長期契約を結んだ。その際に僕は自らに誓いを立てた。それは長期契約中に決して手を抜かないこと。長期契約であることに甘えないこと。プロ野球界では、複数年契約を結ぶと、選手が安心しきってしまい成績が落ちる場合があるが、熱男のそんな姿だけはファンの皆さんに見せるわけにはいかなかった。

チームの主力だからこそ、声を出す意味があるという熱男のポリシーと同様だ。長期契約を結んだからこそ、より全力を傾けなければならない。そういう意味からも16年〜19年の4年契約中は全試合出場にこだわり続けた。そして、それを実際に達成できたことに満足している。

17年には第4回WBCに出場。18年は、初のベストナインのタイトルを獲得。そして、19年には通算1500安打を達成。振り返ってみると、このころが選手個人としての最盛期・充実期だったように思う。プレーしていて本当に楽しかった。

またチームメイトにも恵まれ、チームとして僕のやりたい戦い方もできていた。僕だけでなく多くの選手が、それぞれのスタイルで心に熱さを抱き、試合で完全燃焼する。実際、当時のホークスでは試合になるとベンチの気温が1、2度上がるように感じることがたびたびあった。冗談や比喩で言っているのではない。最初は僕も、試合で動いて声を出すことで、僕自身の体温が上がるため、そう感じるのではないかと考えたが、その感覚とは少し違う。ベンチの空間全体がぐっと熱を帯びるように感じるのだ。これも強いチームが有する見えない力の一種だろう。

２０１０年代のホークスは、熱さをまとった強いチームだった。その熱さの中心に自分がいたことが、僕の選手としての誇りでもある。

コロナ禍の中で

20年は、世界的に新型コロナウイルスが蔓延し、プロ野球界もシーズン開幕の延期を強いられるなど、大変な1年だったが、このころから僕の個人成績は徐々に下降線をたどるようになる。

肉体的な衰えを自覚することはなかった。実際、トレーニングの量も強度も変わりはなかったし、プレーの感覚に関しても変化はなかった。それなのに、結果が出なかった。出場機会も徐々にではあったが減っていった。

21年シーズンは、レギュラーの座をつかんでから、けが以外で初めて規定打席に到達できなかった。そして22年シーズンは代打要員としてベンチを温めることが多かった。

ただ、そんな中でも心掛けていたことがある。立ち居振る舞いを変えないということだ。一軍のレギュラーで声を出していた時と、控えの立場となった時で態度を変えないということだけは決めていた。

レギュラーでなくなったからといって、ふてくされてチームの和を乱したり、逆に「もういいや」と、しらけた態度でチームの士気を下げたりといったことだけはしない。そういう姿は絶対に見せてはならないと考えていた。そんなことを愛するホークスにできるわけがない。そしてそれ以上に、これまで応援してきてくれたファンの方々に申し訳がない。

だから「熱男」のままで走り抜けると決めていた。そして、それは果たせたと思っている。

「熱男」の振る舞いはレギュラーのころと同じでも、立場は同じではない。気にしなかったと言えば嘘になる。

「チームには、世代交代が必要不可欠で、若手にもチャンスを与えなければいけない」

当時はそう考えてスタメン出場できない自分を慰めたりもしたが、やはり心身の変化が出てきていたのかもしれない。具体的にどこがどのように変わったのかは、はっきりとわからないが、今になって思えば、その一因が年齢から来るものということは否定できないだろう。

しかし、もっと大きな原因があったのかもしれないとも思う。新型コロナウイルスの影響で無観客試合が続いたことも、僕にとっては大きなマイナスだった。言い訳するわけではないが、ファンの方の声援がないと、どうしても張り合いがなく、心の底から熱さを燃え上がらせることが難しかった。

僕はそれまで自分自身のことを、チームメイトやファンに元気を与える存在だと思っていた。本書でも語ってきたように、そこに誇りもあった。でも、本当は逆だった。僕自身がファンの方から元気をいただいて、それをエネルギーに変えて熱男としてプレーできていたのだ。

ホームランを放てば、ファンの方々がごう音のような歓声をあげてくれる。相手チームの選手が立ち尽くし、チームメイトが歓喜して待つ中をホームベースに向かって走るのは素晴らしい瞬間だ。ただし、これはどの選手にも共通することだろう。

僕の場合はそれだけではない。この章の冒頭でも述べたことだが、打った後、スタンドに向かって「熱男ー!」と叫ぶ。ものすごい数のファンの方々が、一緒に叫んでくれる。喜んでくれる。その喜びを全身で表してくれる。この高揚感、ファンの方との一体感は、経験した者でないとわかってもらえないかもしれない。球場全体が自分と一体化したような感覚だ。プロ野球選手として最高の時間だった。今、こうして書いているだけでも、熱い思いが込み上げてくるのを抑えられない。僕は本当になんという幸せ者だったのだろうか。

僕がファンの方々を盛り上げていたのではない。ファンの皆さんの声援や喜ぶ姿に、僕が励まされ、勇気づけられ、熱くさせられていたのだ。コロナ禍でファンの方々の声を聞けなくなった時、自分の成績が落ち始めたのは必然だったのかもしれない。

本書を出すために振り返ってみて、ファンの皆さんのありがたさを再認識できて本当に良かったと思っている。

退団

プロローグでも触れたが、22年の8月末ごろ、僕は球団から翌年のチーム編成の構想外であることを内々に告げられる。

ユニフォームを脱ぐか、現役を続行するか、決断を迫られた。

僕には40歳まで現役を続けるという目標があったので、引退せずに読売ジャイアンツへ移籍する道を選んだが、もちろん大いに悩んだ。

ここで引退すれば、プロ野球選手としてはきれいに現役を終えられる。しかし、若いころからこだわり続けた夢もかなえたい。


知り合いには、現役続行を決断してから報告したが、移籍については反対する人もいた。

当時ホークスの二軍監督だった小久保裕紀さんは、

「ジャイアンツで何がしたいんだ？　ホークスでユニフォームを脱げばいいじゃないか」と意見してくれた。

ホークスという球団や、応援してくれたファンのためにも、ホークスで現役を終えよという意味だったと思う。これまでの球団やファンのありがたみ、温かさを思えばもっともな意見だと思った。

もちろん17年間育ててくれたホークス球団にも、応援し続けてくれた福岡のファンの皆さんにも、感謝というひと言では言い尽くせないほど、心からの感謝の気持ちでいっぱいだ。

レギュラーを獲り、日本一を何度も経験できた。素晴らしい仲間や指導者、最高のファンに巡り会えた。

そして、ホークスに入団していなければ「熱男」という言葉に出会えなかったし、ホークスファンがいなければ「熱男」というキャラクターも生まれなかっただろう。

客観的に見れば、ホークスでプロ野球選手人生を全うするほうが、人の目にはよく映るのかもしれない。そこを重々理解した上で、僕はわがままを貫いた。それほど僕の中で「40歳の現役選手」という目標は大きなものだったのだ。

ホークス、そしてファンの皆さんへの最大の感謝を胸にして、福岡に別れを告げた。

第6章
ジャイアンツ

一軍では
活躍できなかったが、
素晴らしい出会いや
気づきがあった。

王会長

40歳の現役選手。

僕はこのプロ野球選手としての大目標を達成するため、17年間在籍した福岡ソフトバンクホークスを退団し、自由契約の身になる道を選んだ。

そんな僕に、真っ先に声をかけてくれたのが読売ジャイアンツだった。

「一緒に頑張ろう」と原辰徳監督が戦力として評価してくれたのがうれしかった。

ジャイアンツで結果を残してやろう！

僕は、決意を新たに新天地での奮起を誓った。

ジャイアンツの春季キャンプは、ホークスと同じく宮崎で始まる。キャンプインのために福岡から宮崎へ向かう機内で偶然、ホークスの王貞治会長と座席が隣り合わせになった。

あまりの偶然に驚いて緊張してしまったため、実はフライト中にどんな話をしたのか、あるいは話をできなかったのか、ほとんど覚えていない。ただ降機する時に「今年、頑張ってきます。よろしくお願いします」とあいさつすると、王会長が「うん、とにかく頑張ってきなさい」と握手してくださったことは鮮明に覚えている。


話は遡《さかのぼ》るが、僕がジャイアンツへの移籍を報告した際、王会長は「ジャイアンツでは、いろいろと今までと違うことも発見できるから、楽しんできなさい」と、前向きに送り出してくれた。

そんな王会長との偶然の出会いが、明るい未来を示してくれているような予感がした。プロになってから初めての移籍に、多少ナーバスになっていた僕にとって、ジャイアンツでの選手生活にひと筋の光が差し込んだような気がした。

最初が肝心

2023年2月1日、ひなたサンマリンスタジアム宮崎。新天地ジャイアンツで迎えるキャンプ初日は、とにかく緊張した。チームメイト、首脳陣、ファンの皆さん……とにかく周囲からの視線を痛いほど感じた。値踏みされている気分だった。

(名前は知っているけれど、いったい実力はどれほどのものなんだ?)

これはFAなどで移籍してきて、新加入した選手にとって通過儀礼のようなものだ。僕も長年ホークスで値踏みする側にいたのでよくわかる。実力勝負の世界では、「まずは新顔のお手並み拝見」となるわけだ。

勝負は既に始まっている。一歩も引くわけにはいかない。だから新加入の選手がホームランバッターなら、フリーバッティングで鋭い当たりを連発させたり、守備のスペシャリストなら、軽快な足さばきとグラブさばきで打球を処理したりして、自分のストロングポイントをアピールする。そして、僕の武器は元気だ。

周囲の視線が集まる中、熱男のボリュームつまみをMAXに回してノックに臨んだ。

「ハイ！　お願いしまーす！」

「声出していこうぜ！」

精いっぱい声を出しながら、ノックを受ける。5球、10球と受けると、次第に一緒にノックを受けているチームメイトたちも声を出すようになる。するとノッカーであるコーチも声を出しながらノックをするようになる。

そう……熱男の熱さを伝染させるのだ。

その熱さはだんだんグラウンド全体に広がり、他の練習をしているチームメイトも元気になってくる。そして最後はスタンドのファンにまで届き、皆食い入るようにノックの様子を見るようになる。

これが、ホークスで17年間、俺がやってきた野球だ！

自慢ではなく、最初の勝負は僕の勝利だったと思う。「ジャイアンツというチーム」に熱男のインパクトを残すことに成功したのだ。

目標の立て方

僕の目標は、「40歳の現役選手」だった。そのためにジャイアンツに移籍してきたと言っても過言ではない。ただ、だからといって漫然と時が過ぎて40歳になるのを待てばいいというわけでもない。当然、ひとりの選手としてチームに貢献しなければならないという思いは強くあった。

そんな漠然とした目標を掲げながら、どうやってモチベーションを保つのか。

僕は、目標までの道のりをいくつかに区切り、小さな目標を立てて、それをクリアすることに注力した。

ジャイアンツの春季キャンプでは、一軍のグループでスタートできたので、まずは開幕を一軍で迎えることを目指した。これは無事にクリアした。その次は5月17日の40歳の誕生日まで一軍にいること。残念ながら4月14日に二軍落ちしたので、この目標は達成できなかったが、誕生日以降はもう一度一軍に上がることを、目標に設定し直した。

こうやって目標を細かく分けて立てるやり方は、ホークスの二軍監督だった秋山幸二さんから若手のころに教わった。目標が大きすぎたり、抽象的すぎたりすると、どこから手をつけて良いかわからなくなることがある。しかし細分化すれば、自分がまず何をすれば良いのかが明確になり、モチベーションを保ちやすくなるのだ。

例えば、シーズンで30本塁打を打つという目標を立てた場合は、レギュラーシーズンが約6か月なので、毎月5本のホームランを打つことを目標とする。ホームランを1本打ったとしよう。ただ、がむしゃらに30本という数字を目指していたら、29本も残っている。まだまだ大きな数字だ。だが、月に5本と意識していたら、あと4本だ。目標に近づいていっていることを実感しやすいだろう。

ポイントは毎月のノルマを達成したら、ノルマ以上の成績は翌月分に繰り越すこと。今月6ホームランを記録したら、来月は4本で良いと考える。そこに心の余裕が生まれ、その余裕がさらなる好成績を引き出してくれるから面白い。

単身赴任

プロローグでも触れたが、ジャイアンツでプレーするのは1年限りとあらかじめ決めていた。

40歳でも現役選手でいるという目標を達成するために、僕のわがままを家族にきいてもらった。わがままは1年間だけと心の中で誓っていた。だから、家族は同伴していない。シーズン開幕直前から、東京ドームホテルでの単身赴任生活が始まった。

慣れないひとり暮らしはそれなりに苦労したが、愚痴を言える立場ではないことも理解していた。自分が選んだ道だ。

大きな問題はなかったが、多少てこずったのは食事面だった。

二軍の場合は練習開始時間が早いので、朝は川崎のジャイアンツ球場へ行きがてらコンビニで買ったもので済ます。昼食はチームが用意してくれたケータリング。問題は夕食だった。

ホテルのルームサービスは、すべてのメニューを注文して食べ飽きてしまったので、外食中心になっていった。ホテルそばのチェーン店に、ひとりで通うことにはすぐに慣れたのだが、メニューに野菜が少ないことに悩まされた。

僕は野菜が大好物で、毎食、何かしらの野菜メニューを摂らないと気がすまないようなタイプなのだ。ただ、ひとりで外食すると、栄養面よりもまず空腹を満たすことを優先してしまい、どうしても肉中心のメニューになってしまった。仕方がないので、昼食時に多めにサラダを食べることで野菜への欲を何とか満たしていた。

ちなみに一番好きな野菜はコーンで、すし店でもコーンの軍艦巻きをよく頼んだ。だから松田家では、グリーンサラダにコーンはマストのトッピング。妻の作ってくれるコーンを使ったメニューが恋しかった。

東京ドームホテルにはランドリーサービスがあったが、さすがに下着まで出すわけにはいかず、当時はビジネスホテルのような洗濯機ルームもなかったので、2日か3日に1回のペースで汚れ物をジャイアンツ球場まで持っていき、自分で洗濯機を回した。

福岡で暮らしていたころは、自分の知らないうちにきれいな衣類がタンスに備えられ、「あれが食べたい」と言えば、そのメニューがすぐに食卓に並んだ。

単身赴任生活を経験して、改めて妻のありがたさを実感した。

兄との関係

妻や子供たちに会いたくなり、家族が恋しくなることもあった。しかし福岡は遠い。少なくとも日帰りできる距離ではない。

だから、ひとりでいるのが寂しくなると、よく愛知県豊田市に住む兄家族のもとへ遊びにいった。オフの日になると東京駅から新幹線に飛び乗り、豊田へ向かう。兄家族と夕食を共にし、家族だんらんの輪に加えてもらう。そして最終の新幹線で帰京する。これがジャイアンツ時代の唯一のプライベートでの楽しみだった。

高校卒業後、社会人野球のトヨタ自動車へ進んだ兄は、26歳の時に選手を引退。その後は、トヨタの社員として働きながら、少年野球で指導者もしている。

僕がプロ入りした後、兄とは年に一度、正月に実家で顔を合わせる程度の関係だった。兄は、僕よりもプロ入りを有力視されていたが、けがに苦しめられ、なかなか結果を残せなかった。投手としてだけでなく、打者としても才能があったので、野手に転向もしたが、最後はアキレス腱を断裂して選手としての生活を断念せざるを得なかった。

後に、兄と当時のことを話し合ったことがあるが、社会人野球時代はなかなか思うようにプレーできず、素直に僕と話す気分にはなれなかったそうだ。僕もそんな兄の気持ちを理解していたので、あえてこちらから連絡を取るようなことはしなかった。

だが、兄自身が26歳で現役を引退したことで、何かが吹っ切れたのだろう。僕らは再び頻繁に連絡を取り合う仲になっていた。

電話で話す内容は、ほとんどが僕のバッティングについてだった。兄は現役を引退してから、僕の全打席の映像をチェックしてくれるようになり、気になる点をアドバイスしてくれた。何しろ全打席を見てくれているのだ。少しの変化も見逃さない優秀なプライベートコーチだった。

定期的に月に1回連絡を取り合うほか、不調が長引けばすぐに兄に電話する。その関係は僕が現役を引退するまで続いた。僕が打ったホームランの半分は兄が打たせてくれたと言ってもいいだろう。

そしてジャイアンツ移籍後は、兄家族との他愛のない会話が僕の心を潤してくれた。兄はメンタル面のコーチも兼ねていてくれたと言えるかもしれない。

ジャイアンツとホークス

巨人軍は常に紳士たれ。

この言葉は、ジャイアンツの初代オーナーだった故・正力松太郎《しょうりきまつたろう》さんの遺訓のひとつだ。

ジャイアンツという球団は、実際に在籍してみると、外から見て感じていた印象と、多少違う面もあった。

多くの野球ファンの方と同様、僕もジャイアンツには「球界の盟主」とか「伝統のある名門球団」といったイメージを持っていたが、その点はおおむね間違っていないように思う。

あくまで私見だが、最近のプロ野球選手たちは、プレー以外のパフォーマンスや面白い言動を求められる風潮にあると思う。人を笑わせるようなコメントを言ったり、個性的な服装や髪形をしたりする選手がメディアなどに好意的に取り上げられる。そういう野球以外の面も含めたキャラクターとして、選手を評価しようという見方があるように思う。良くも悪くも、それがエンターテインメント化するということなのだろう。それ自体、悪いこととも思わない。

しかし、ジャイアンツには、そんな風潮に逆行するような伝統の重みがあった。ジャイアンツがファンサービスを疎《おろそ》かにしているという意味では決してない。「プレーでアピールしてこそ、プロ野球選手」という雰囲気があるのだ。

僕にはそんな伝統球団の重みが心地よかった。

ただ「名門＝スマート」という僕の抱くイメージとはかなり違っていた。僕はジャイアンツの一軍にほとんど在籍していなかったので二軍のイメージになるが、ジャイアンツの若手たちは、スマートとは正反対の泥臭い野球をやっていた。そして、明るくて元気が良く、目の奥に光るものを宿す若手が多くいた。僕がかつて同期のポン（本多雄一）たち仲間と一軍を目指し、汗にまみれていたころのホークス二軍に雰囲気が似ていた。

スマートさという点では、ホークスの若手のほうが落ち着いた野球をするタイプが多かったように思う。僕はホークス在籍中、実質的には入団2年目までと、最後の年の1か月しか二軍でプレーしていないので、大したことは言えないが、ホークスの若手選手たちのほうが、僕の目にはクールに映った。

僕がホークスに入団したころ、選手寮と室内練習場は西戸崎にあり、博多湾を挟んで、ドーム球場を視界に入れることができた。僕ら若手は、ドームを見ながら「いつか自分もあそこで中心選手としてプレーをするんだ」と心の中で誓ったものだった。

転機は16年にファーム施設が筑後へ移転したことだったのかもしれない。最新設備を整えた素晴らしいスタジアムが完成した。これはもちろんとても良いことだ。

ただ、一軍と二軍の物理的な距離が離れてしまったせいだろう。一軍を遠い世界の舞台のように感じている若手が多いように感じた。

僕が引退した後の話になるが、24年のホークスは多くの二軍以下の選手たちが一軍に上がり、大活躍した。これは、そのようなムードを変えたいという上層部の考えがあって、意識的に抜てきしたことが功を奏したのだと思う。

期待の若手三人衆

23年に僕が出会ったジャイアンツ二軍の若手選手たちはギラギラしていた。一軍がどんな選手を求めているのか、一軍のレベルでプレーするために、現在の自分に欠けている要素は何か。課題を具体的に理解している若手が多く、東京ドームでプレーすることを身近な目標として捉えている選手が多かった。

そんなジャイアンツの二軍選手たちの中で、僕の熱男スタイルに興味を持ち、自分のほうから積極的にコミュニケーションを取りに来てくれた若手がいる。浅野翔吾《あさのしょうご》（20）、萩尾匡也《はぎおまさや》（23）、岡田悠希《おかだゆうき》（24）の3選手だ（年齢は24年11月28日現在）。3人とも明るく、元気という共通点があり、性格的には僕や川﨑宗則さんに似たタイプだ。だからこそ、それまでのジャイアンツにはいなかった、熱男に興味を持ったのかもしれない。

浅野は22年のドラフト1位選手で、この年のオフに移籍してきた僕は、勝手に同期だと思っている。とにかく、がむしゃらに野球に取り組むタイプで、野球のポテンシャル的にも性格的にも将来チームリーダーになれる器《うつわ》だ。

萩尾は、大卒1年目にプロの壁にはじき返されるも、二軍で結果を出したという経歴が、僕自身とダブっている。だからというわけではないが、頑張ってほしい。打撃面でもうひと皮むければ、一軍に定着できるのではないか。

岡田は身体能力に優れた外野手で、特に僕のことを慕ってくれた。現役時代、毎年1月に行っていた自主トレは、一緒にトレーニングをしていた後輩たちが「松田塾」として引き継いでくれていて、僕は現役引退後の24年も加わったが、岡田も今年、そのメンバーとして参加してくれた。

3人とも、それぞれ光り輝くものがあり、いずれ一軍の舞台で活躍できる才能を秘めていると思う。もちろん、彼ら以外にも活躍しそうな若手はたくさんいた。皆さんも、巨人戦を観る際には、若手選手に注目してほしい。

後に活躍する選手特有の「匂い」

プロ野球の世界に18年間在籍し、多くの選手の成長過程に接してきたが、一軍で活躍する選手は、若手のころから独特の「匂い」をまとっている。野球の技術だけでなく、話し方や立ち居振る舞いなど、すべての要素を含めて、僕は「匂い」として感じ取る。

ホークスの後輩で言えば、ギータ（柳田悠岐）、中村晃、今宮健太には、入団直後から活躍する匂いがプンプン漂っていた。

ギータは、パワフルに全球フルスイング。入団直後は、何回スイングしても、ボールに当たらないと感じるほど空振りが多かったが、ミートバッティングに徹することはなかった。

晃は若手なのに、既にベテランのような雰囲気があり、玄人好みするようないぶし銀のバッティングが光っていた。若さや勢いではなく、技術でヒットを打とうという意識が見て取れた。

健太は、まず徹底的にショートとしての守備力を上げ、それからバントのスペシャリストを目指した。

3人とも、それぞれ自分なりのスタイルを確立し、決してブレることなく、そのスタイルを武器にプロ野球の世界で生き残る道をつかもうとしていた。

大半の選手は、ドラフトで指名され、プロの世界に足を踏み入れたことで満足してしまっている。子供のころからプロ野球選手になることを夢に努力してきて、それがかなったのだから、気持ちはわからなくもない。だが、それではダメなのだ。

一軍の舞台で活躍する選手の多くは、入団当時から既にリーグを代表するような選手になることを目標に、努力を重ねてきたタイプばかりだ。

まだプンプン匂うほどではないが、ジャイアンツの浅野、萩尾、岡田の3人にも、活躍する匂いを感じている。

この三人衆を筆頭に、ジャイアンツには僕や川﨑さんのような元気タイプの若手が多かった。ただ、その明るさや元気を具体的にプレーにどう反映させればいいのか、やり方がわかっていない選手がほとんどだった。実際、試合前の声出しの習慣もなかった。

だから僕は、ホークスでやってきた熱男スタイルの盛り上げ方を、率先してチームに浸透させていった。

試合前のベンチで、僕が思いつきで、その日の声出しの選手を指名。打ち合わせなど一切ないので、名前が挙がっただけで、その場が盛り上がる。指名された選手は驚きながらも、ベンチ前の円陣の中心になり、思うことを話し、「今日も頑張りましょう」と声を出す。そして、再び盛り上がる。

あいさつがグダグダになってしまったら、当然周りから「何やってるんだ」とツッコミが入る。

そうやって、どのようにしてチームを盛り上げるのか、ホークスで培《つちか》ってきた僕なりの方法をジャイアンツの若手選手たちに伝えていった。

ホークス在籍時には入団2年目までと最後の1か月間しか二軍にいなかったため、ホークスの若手たちには、この熱男スタイルの盛り上げ方を伝えられなかった。もう少し時間があれば、お世話になった球団に何か残せたのかもしれない。それは今でも心残りである。

本書で何度も繰り返し述べているが、プロ野球界には、さまざまな性格の選手がいて、どのようなプレースタイルを貫くかは、人それぞれである。明るく、元気に盛り上がるやり方だけが正解ではない。真面目に野球に取り組み続け、一流になった選手も数多くいる。

ただひとつだけ言えるのは、一軍と二軍でスタイルを変えるような選手は決して大成しないということだ。二軍ではクールなスタイルを続け、一軍に上がった時に、急に若手らしく、元気にプレーしようとしてもうまくいくはずがない。二軍でクールなスタイルで結果を残したのなら、一軍でも同じスタイルを貫くべきである。

逆の言い方をすれば、一軍で明るく、元気にファンにアピールするような野球をしたいのなら、二軍時代からそのスタイルを確立する必要がある。

こんなことを言うのは、一軍と二軍で態度を変える選手がいるからだ。そういう選手は伸びないと経験から断言できる。

観客やファンの数の違いなど関係ない。「絶対に一軍に行くんだ」という目標があって、一軍に行ったら泥臭いプレーでも何でもすると思っているなら、二軍でも恥ずかしがらずに、泥臭くいくべきなのだ。少なくとも僕はジャイアンツの二軍でそういう姿勢でやってきた。

いろいろなスタイルがある中で、声を出して明るく、元気に取り組む野球、つまり、熱男の野球は最もわかりやすい正解のひとつだ。周囲を巻き込み、みんなで明るくワイワイと取り組めば、いつも前向きな気持ちでプレーできる。すると、大抵の困難は乗り越えられるものだ。

どんなチームにも、好不調の波があるが、チームの勢いが下降線をたどっている時は、特に明るいムードがチームを救ってくれる。少なくとも、雰囲気に流されてズルズルと連敗を重ねる事態は減らせるだろう。

僕の経験上、一番手っ取り早くチーム力を上げる方法は、「元気を出す」ことだ。僕はそのことをジャイアンツの若手たちに伝えたかった。

もちろん、僕はコーチの立場ではなかったが、40歳の誕生日を迎えて以降は、「40歳の現役選手」という目標を達成してしまったということもあり、明確な目標を立てづらかったので、自分の持っているものを若手に伝えることに興味が移っていった。

野球の技術に関しても、質問されれば惜しみなく答えた。ボールの捉え方や配球の読み方はもちろん、試合後に映像で、自分のバッティングフォームのどの部分をチェックするかなど、自分が持っている知識をすべて伝えたと言って良い。特に、浅野とはそういう話をする機会が多かったので、僕の言葉が、彼の今後の野球人生で、少しでも役に立てばうれしく思う。

二岡智宏さん

僕がジャイアンツに在籍していた23年に二軍監督を務めていたのは、現在、一軍ヘッド兼打撃チーフコーチを務める二岡智宏《におかともひろ》さんだった。

二岡さんは高校野球、大学野球で大活躍し、逆指名でジャイアンツに入団。ルーキーから、いきなりショートのレギュラーの座をつかんだ、典型的な野球エリートだ。僕が高校や大学のころは、それこそスーパースターだった。
その素晴らしい経歴とクールなプレースタイル、そして、ややおっとりした話しぶりから、僕は落ち着いた性格の人物像をイメージしていた。ところが、実際にお会いしてみると、かなりの熱血漢タイプで、驚かされた。特に野球に対しては、一切の妥協はなかった。

若手選手一人ひとりと真正面から向き合い、「ダメなものはダメだ」と注意をする。面と向かって聞いていたわけではないので、細かい部分まで定かではないが、「何がダメだったのか」「どこがダメなのか」とかなり深い部分まで踏み込んで、徹底的に指導していたようだ。

野球の技術的なミスの話でも、踏み込んでいくと、場合によっては、選手の性格や人間性などパーソナルな部分に触れざるを得ないこともある。
「お前がプロ野球の世界で結果を出すために、本当に甘さひとつなく、今日一日を終えられたのか?」

そのような言葉で若手に問い掛ける二岡さんの姿には、すごみさえあった。

試合でミスをしてしまった選手にとっては、耳の痛い言葉だろう。しかし、指導する側だって、できれば嫌なことは口にしたくないものだ。それでも、その選手のためには何が悪かったのか理解させる必要がある。言葉をかみ砕きながら、決して感情的に怒るのではなく、説いていく。試合後、どんなに時間が遅くなろうと、丁寧に、そして厳しく言葉で指導するのが二岡さんのやり方だった。

さらに素晴らしいのは、その話を翌日まで引きずらないこと。ネチネチと注意し続けることはない。次の日には前日の注意などは忘れたかのようだ。僭越《せんえつ》ながら、二岡さんのこの指導法には大変共感できた。

プロ野球において、監督やコーチが選手に対してどこまで踏み込んで指導するべきか？　これはセンシティブな問題であり、一人ひとり意見は分かれるだろう。

たとえ二軍の若手であっても、プロ野球選手であることに変わりはない。プロにはそれぞれ独自のスタイルがある。またプロは、結果がすべての世界でもあり、その結果に対する責任は選手が負わなければならない。監督やコーチの指導のせいで投手が勝てなくなり、バッターが打てなくなっても、責任は選手が負う。

そんな環境の中で、二軍の監督やコーチが選手に対してどこまで関わるべきか。難しい問題だ。

プロ野球選手は個人事業主であり、言い換えれば周りすべての選手がライバルでもある。そういう意味では、孤独な存在だ。

僕の意見を言わせてもらえば、プロ野球選手は孤独だからこそ、親身になって相談に乗ってくれる相手は欠かせない存在だと思う。言葉で注意をしてくれるのならば、なおさらありがたく感じる。

僕にとっては、兄がそういう存在だったし、若手選手だったころはホークス二軍の秋山監督の存在が大きかった。

二岡監督の姿が秋山さんとダブる。正直に言って、若手選手に真剣に向き合う二岡監督がうらやましくもあった。

（自分もいつか、若い選手たちと熱い心をぶつけ合えるような指導者になれたら……）

そんな思いにも駆られた。

イースタン・リーグ優勝

フレッシュオールスターゲームが開催された7月18日、ジャイアンツ二軍はイースタン・リーグ2位に位置していた。首位の東北楽天ゴールデンイーグルス二軍とはゲーム差が開いていた。逆転するのは難しい差だった。

ただ僕は、たとえイースタン・リーグだとしても、最後まで優勝を諦めてほしくはなかった。ジャイアンツの二軍チームに在籍して、チームメイトである若手や二岡監督のことをどんどん好きになっていった。そんな彼らと1試合でも多く勝利の喜びを分かち合いたかった。

僕はより一層チームを盛り上げることを意識して、ホークス時代と同じくらいチームの勝利にこだわった。若手選手にもその気持ちは伝わったと思う。

それが功を奏したのかはわからないが、その後ジャイアンツ二軍は猛追し、リーグ最終戦でイーグルスを勝率で上回り、ゲーム差なしの逆転優勝を飾ることができた。素晴らしい結束力だった。

チームが盛り上がった時に生まれる一体感。強いチームだけが持つその見えない力。二軍のリーグ優勝ではあったけれど、若手選手たちにはその感覚を忘れないでいてほしいと思う。

期間限定の冒険

読売ジャイアンツの一員として過ごした日々は、僕にとって1年間限定の冒険だった。

今の時代、その気になれば文字や映像を通して情報はいくらでも手に入る。だが一方で、実際に現地に赴き体験してみなければわからないこともあるだろう。

僕はホークス入団3年目に三塁のレギュラーの座をつかみ、幸いなことにその後も長らく不動のメンバーとして起用し続けてもらってきた。だから控え選手としての経験に乏しい。ところが、ホークス時代の晩年から代打要員となることが増え、そこで初めて代打の難しさを知ることになる。

1打席勝負の代打での出場時には、1試合に4打席も5打席もチャンスの巡ってくるスタメン出場の時とは比較できないほど、すさまじい集中力が求められる。とにかく結果が大事で、当たり損ねだろうとドン詰まりだろうと、ヒットになれば価値がある。

だが試合の中で、「1打席目の結果を受けての2打席目」というような勝負をしていくスタメン出場の場合は、時には結果よりも内容が重視されることもある。これらは、実際に代打を任されるようになったからこそわかったことだった。

プロ入り以来、パ・リーグのホークスひと筋でプレーしてきた僕にとって、DH制（指名打者制度）のないセ・リーグの野球自体が新鮮だった。もちろん、交流戦などで経験したことはあるが、ダブルスイッチ（投手交代の際、投手の打順を調整するために、野手とセットで交代すること）など、細かい作戦に接する機会は少なかったので勉強になった。

代打は、自分の出番がいつ訪れるのか、試合展開を見ながら自分である程度予測し、準備しなければならない。豪快な野球のパ・リーグと、繊細な野球のセ・リーグでは、試合展開の読み方にも違いがあった。これも、ジャイアンツでプレーしたから気づけたことだ。

二軍に在籍しているある若手のもとに、急遽、一軍から昇格の声がかかる。しかし、その選手の好調な時期は既に過ぎてしまっていた。一軍の事情で物事は動くので仕方のないところだが、若手としては「好調時に一軍に呼んでほしかった」というのが本心だろう。

もちろん、そんなことを口にできるわけはないし、若手は調子の良くない状態であっても、一軍で与えられる数少ないチャンスで結果を残さなければならない。それができなければ、一軍に定着できない。

ホークスでレギュラーとして活躍していたころの僕は、一軍と二軍を行ったり来たりする選手が、そんな葛藤を抱えていることなど知らなかったし、正直、想像すらしたこともなかった。


僕の生涯成績の年度別成績欄には、「2023　読売巨人　安打1」の数字が加わった。その数字だけを見れば、僕がジャイアンツで何もできなかったように映るかもしれない。中には「現役生活の最後に無駄な1年を過ごした」という評価だってあるのかもしれない。

読売ジャイアンツの球団幹部がどう思っているかはわからない。しかし、無駄だったと思うかと僕が問われたら、決してそんなことはないと自信をもって答える。僕はジャイアンツの一員として、数字では表せない確かな経験をし、それは僕の中で生き続けている。

「ジャイアンツでは、いろいろと今までと違うことも発見できるから、楽しんできなさい」

王会長の言葉に嘘はなかった。

人生に無駄な経験などない。その経験をどう生かすかは、今後の自分の生き方次第だろう。

僕が野球人としてひと回り大きくなれた時、このジャイアンツでの1年が評価されることになる。僕はそれを目標のひとつにして成長していかなければならない。

今、思う。本当に有意義な1年間だったなあ……と。

この1年間のおかげで完全燃焼することができた。

こうして僕の期間限定の冒険は幕を閉じたのだった。

おわりに

本書『燃えつきるまで　松田宣浩自叙伝』をお読みくださり、ありがとうございます。２０２３年、僕は18年間に及ぶプロ野球選手生活にピリオドを打ちました。それを機に、野球人生を中心に振り返る自叙伝を上梓《じょうし》する運びとなったわけですが、内容はいかがだったでしょうか。

記憶を呼び起こしながら、できるだけ忠実に当時の自分の考え方を記し、現在の自分の視点からの感想も添えました。「僕にとって熱男はどんな存在か」「熱男のキャラクターを演じていたのか」「なぜ読売ジャイアンツに移籍したのか」……。

これまであまり深く踏み込んで語ってこなかった部分に関しても、赤裸々な気持ちを書いています。

僕の野球人生に起こったさまざまな出来事を知っていただいて、当時の僕になったつもりで、野球人・松田宣浩の成長物語として楽しく読んでいただけたならうれしく思います。

本書の制作にあたり、主に幼少期のエピソードを充実させるために、両親や兄と思い出を語り合う場を設けました。父が、僕ら兄弟にどんな人物に成長してほしいと願っていたのか。母が、どんな気持ちで僕らの成長を見守ってくれていたのか。憧れの存在だった兄が、僕の知らないところでどんな苦悩に直面していたのか。僕にとって初めて知ることもあり、個人的にはそれだけでも本書を上梓した意味があると感じました。

振り返ってみると、僕の野球人生は多くの人との縁に恵まれた道のりでした。

子供のころからライバルであり、目標、憧れでもあった兄・教明。プロ入り後に二軍監督として手取り足取り指導してくださった秋山幸二さん。プロ野球選手としての立ち居振る舞いを示してくださった松中信彦さん。僕が熱男になるきっかけを与えてくださった川﨑宗則さん。40歳の現役選手という僕の1年間限定のわがままを、手を差し伸べてかなえてくださった原辰徳さん。他にもプロでお世話になった方々は枚挙にいとまがありません。また、アマチュア時代の指導者の方々などを含め、お世話になった恩人を挙げていけばきりがありません。

支えてくださったすべての方に感謝いたします。

ホークスファンの皆さん。17年間もの長い間、支えてくださり感謝しています。皆さんとともに「熱男ー!」と叫ぶ、あの瞬間が大好きでした。

ジャイアンツファンの皆さん。わずか1年間の在籍にもかかわらず、温かい声援を送り続けてくださったことをありがたく思います。

そして、その他のプロ野球ファンの皆さん。僕を通して、熱男というキャラクターを長らく愛してくれてありがとうございました。

僕のプロ野球人生は、ファンの皆さんにも恵まれた18年間でした。

現在、僕はプロ野球解説者として第二の人生をスタートさせています。これまでと違う角度から野球に触れてみて、新鮮な発見や驚きを味わっています。また試合解説の傍ら、ゴルフ番組に出演するなど、野球以外の分野にも活躍の場を広げる努力をしています。できるだけアンテナを張り巡らせて、多くの知見を得たいと考えています。そして、人としてひと回り大きくなり、その成果をいずれ野球界に還元できれば……。現在はそんな目標を密かに抱いております。

楽しい野球人生を送らせていただき、本当にありがとうございました。今後とも、熱男・松田宣浩をよろしくお願いいたします。

2024年11月

松田宣浩

松田宣浩

Matsuda Nobuhiro

1983年5月17日、滋賀県草津市生まれ。小学2年生の時に双子の兄と一緒に野球を始める。99年、兄とともに岐阜県の中京商業高等学校（現・中京高等学校）に進学。2000年、夏の全国高等学校野球選手権大会に出場。02年、亜細亜大学に入学。在学中、世界大学野球選手権、日米大学野球選手権で日本代表に選出。05年の大学生・社会人ドラフトの希望入団枠で福岡ソフトバンクホークスに入団。06年の開幕戦で、チーム12年ぶりとなる新人選手の開幕戦スタメン出場を果たす。08年からレギュラーに定着。以後、主力選手として、2010年代のホークスの常勝軍団化に大きく貢献した。15年、ホークスのチームスローガン「熱男」を試合中に叫ぶうちに、熱男が自身の愛称となる。23年シーズンより読売ジャイアンツに移籍。同年をもって現役引退。11年と、13年から19年までの7年間連続で三井ゴールデン・グラブ賞を受賞（三塁手部門での7年連続受賞は歴代最長、8度受賞は最多）。18年ベストナイン選出。11年、13年、15年から19年まで5年連続で全試合出場。13年の第3回と17年の第4回のワールド・ベースボール・クラシック（WBC）で日本代表に選出。15年の第1回と19年の第2回のWBSCプレミア12の日本代表にも選ばれた。

生涯通算成績は、1922試合出場、打率.265、301本塁打、991打点、1832安打。

年度別成績

年度	所属	試合	打席	打数	得点	安打	二塁打	三塁打	本塁打	塁打	打点	盗塁	盗塁刺	犠打	犠飛	四球	死球	三振	併殺打	打率
2006	福岡ソフトバンク	62	220	204	17	43	8	3	3	66	18	0	0	3	0	11	2	53	2	.211
2007	福岡ソフトバンク	74	221	193	28	49	13	2	7	87	22	3	0	6	2	17	3	35	5	.254
2008	福岡ソフトバンク	142	595	551	68	154	33	10	17	258	63	12	6	8	1	28	7	115	11	.279
2009	福岡ソフトバンク	46	175	160	21	45	13	2	8	86	24	1	0	7	0	7	1	32	1	.281
2010	福岡ソフトバンク	113	458	424	61	108	20	3	19	191	71	17	3	8	6	14	6	90	7	.255
2011	福岡ソフトバンク	**144**	582	525	77	148	31	7	25	268	83	27	9	3	3	41	10	128	11	.282
2012	福岡ソフトバンク	95	390	360	41	108	28	7	9	177	56	16	10	0	2	27	1	63	7	.300
2013	福岡ソフトバンク	**144**	626	584	86	163	26	5	20	259	90	13	7	2	7	27	6	124	11	.279
2014	福岡ソフトバンク	101	423	392	54	118	20	3	18	198	56	12	6	1	4	24	2	80	13	.301
2015	福岡ソフトバンク	**143**	603	533	91	153	22	2	35	284	94	8	10	0	8	60	2	135	17	.287
2016	福岡ソフトバンク	**143**	609	548	79	142	23	5	27	256	85	6	6	0	5	48	8	141	14	.259
2017	福岡ソフトバンク	**143**	577	531	64	140	19	6	24	243	71	5	2	0	2	43	1	128	16	.264
2018	福岡ソフトバンク	**143**	580	517	72	128	21	3	32	251	82	3	3	0	3	56	4	113	12	.248
2019	福岡ソフトバンク	**143**	576	534	64	139	25	2	30	258	76	5	3	2	4	33	3	115	14	.260
2020	福岡ソフトバンク	116	431	395	36	90	16	3	13	151	46	1	0	0	3	32	1	76	2	.228
2021	福岡ソフトバンク	115	390	354	30	83	13	3	14	144	47	5	0	3	4	27	2	67	10	.234
2022	福岡ソフトバンク	43	106	98	2	20	2	1	0	24	7	1	0	0	1	6	1	20	1	.204
2023	読売巨人	12	17	16	0	1	0	0	0	1	0	0	0	1	0	0	0	5	0	.063
通算		1922	7579	6919	891	1832	333	67	301	3202	991	135	65	44	55	501	60	1520	154	.265

★太字は全試合出場

2023年10月1日 引退セレモニーで熱男ポーズを披露

構成　田中周治
ブックデザイン　鈴木成一デザイン室
DTP　昭和ブライト
カバー写真　藤岡雅樹
ヘアメイク　中西雄二（Sui）
スタイリング　中西ナオ
校正　玄冬書林
制作　遠山礼子　渡邉和喜　加藤慎也
販売　金森悠
宣伝　秋山優　山崎俊一
編集　園田健也　実沢真由美
協力　アスリート・マーケティング株式会社
日刊スポーツ新聞社

燃えつきるまで　松田宣浩自叙伝

二〇二四年二月三日　初版第一刷発行

著者　松田宣浩
発行者　石川和男
発行所　株式会社小学館
〒一〇一－八〇〇一　東京都千代田区一ツ橋二－三－一
電話　〇三－三二三〇－五一一二（編集）
〇三－五二八一－三五五五（販売）
印刷所　大日本印刷株式会社
製本所　牧製本印刷株式会社

 ISBN978-4-09-389155-4